U0123069

非洲市場研究系列 01

台商在非洲：
政策、市場與挑戰

Taiwan Business People in Africa:
Policies, Markets and Challenges

陳德昇 主編

序言

　　本書是 2020-2021 年，政治大學國際關係研究中心舉辦「非洲市場開拓與策略研討會」論文集滙編。報告與論文內容有三大特色：

（一）政府主管部門首長政策宣示與落實努力。

　　針對當前非洲投資規劃，僑委會童振源委員長、國貿局江文若局長、外交部楊心怡司長和外貿協會邱揮立處長等主管，分別針對其業務職掌提出說明、分享和政策落實現況，期能對投資非洲臺商提供實質助力。

（二）智庫學者提供分析與解讀

　　非洲市場與投資涉及相關策略布局、地緣政治、專業技術和經貿法規，既有其複雜性，亦有專業性。透過智庫學人中華經濟研究院江文基、廖倍妤、徐遵慈研究員；中興大學陳加忠教授、政治大學國際關係研究中心陳德昇研究員的論證與探討，有助於非洲市場經略和評估之參考。

（三）NGO 公益參與、運作與實務分享

　　劉曉鵬和張允欣兩位學人，針對臺商和 NGO 組織在非洲參與公益與運作之背景和發展，提供專業的探討和分析。期能了解臺商參與市場經略同時，亦致力在地公益、人道關懷，是在地共生具體實踐。

　　本書是非洲市場研究系列第一本書，能夠順利完成出版，必須感謝僑務委員會與政治大學國關係研究中心支持，研究助理謝孟辰、林志宇費心編輯、杜宛諭同學封面設計與校正，以及印刻出版社協助，在此一併感謝。期許這本書的出版，能透過產官學界協力網絡對非洲發展和市場開拓，提供更客觀、務實的解讀，從而落實市場發展目標。

陳德昇

2022 年 3 月 3 日

目錄

作者簡介（按姓氏筆畫排列）

江文若

美國賓州大學法律學系碩士，現任經濟部國際貿易局長。

江文基

國立臺灣大學農業經濟學博士，現任中華經濟研究院 WTO 及 RTA 中心助理研究員。主要研究專長為貿易政策評估、非洲區域整合、農業經濟。

邱揮立

日本國立九州大學比較社會文化學府博士候選人。現任中華民國對外貿易發展協會市場拓展處長。

徐遵慈

東吳大學法律研究所碩士，現任中華經濟研究院副研究員兼臺灣東協研究中心主任。主要研究專長為國際經濟法、國際組織、東南亞研究。

張允欣

英國倫敦大學亞非學院語言學博士，現任世臺聯合基金會東非中心秘書長。主要研究專長為非洲語言學、非洲社會學科田野調查方法學、非洲研究。

陳加忠

美國明尼蘇達大學農工系博士，現任國立中興大學生物產業機電工程學系特聘教授。主要研究專長為整合性農業與現代化、生物產業與綠色農業規劃、數據分析與資訊產業。

陳德昇

　　政治大學東亞研究所博士，現任政治大學國際關係研究中心研究員，
台灣非洲經貿協會（TABA）顧問。主要研究專長為全球化與在地化、跨
界治理、兩岸互動。

童振源

　　美國約翰霍普金斯大學 SAIS 國際事務博士，現任僑務委員會委員長。

楊心怡

　　利比亞班加西大學法學士，現任外交部亞西及非洲司長。

廖倍好

　　國立中興大學國際政治研究所碩士，現任財團法人農業科技研究院研
究專員。主要研究專長為國際政治、農業經濟、非洲經貿。

劉曉鵬

　　美國芝加哥大學歷史博士，現任國立政治大學國家發展研究所教授。
主要研究專長為發展援助、族群政治、外交史。

政策與規劃

僑見非洲，鏈結臺非

童振源
（僑務委員會委員長）

2021 年 8 月 14 日

感謝國立政治大學國際關係研究中心、亞太區域發展暨治理學會共同發起舉辦這麼有意義的研討會，邀請學者、臺商及政府部門，從多元角度來介紹非洲。蔡總統指示要推動非洲計畫，相關部會無不積極投入，尤其是僑委會、外交部、經濟部及外貿協會對於促進經貿往來及創造商機方面更是推陳出新，期盼讓更多國內業者及國外的臺商認識非洲的商機及風險。

今天本人受邀以「僑見非洲，鏈結臺非」為主題，介紹非洲的商機、風險、潛在障礙，以及僑委會如何協助大家擴大商機、降低風險、克服潛在障礙等因應措施。尤其本會先前辦理「促進非洲投資商機」問卷調查，分別對非洲臺商、國內企業及其他地區的臺商施予問卷，彙整非洲臺商的第一手觀察及經驗，以及國內企業及其他地區臺商認為投資非洲的潛在障礙，希望讓有志前進非洲者有更充足的準備。

「僑見非洲、鏈結臺非」的內容分為四大部分，第一是前言，第二是僑委會的調查結果，第三是僑委會促進非洲投資的具體輔助措施，最後是結論。

非洲目前是全球人口成長最快的區域，具有消費的潛力，而且中產階級人口已經突破三億。近年經濟成長的動能來自多元的面向，包括人口紅利、內需市場成長、製造業的發展、外資的進駐以及經濟整合。這邊要跟各位說明，非洲自由貿易協定是 2021 年 1 月 1 日生效，區域內百分之九十的產品逐漸降成零關稅，可以使非洲內部的交易成長 52.3%，因此非洲有很大的商機。

但是非洲也存在一些問題，包括普遍存在的基礎建設落後、產業供應鏈不完整，以及政治、經濟、社會治安較不穩定、貧富差距擴大等等的問題，我想這些都是普遍我們看到非洲的狀況。投資非洲大概從 1970 年代開始，到了 2020 年，投資的金額一年就來到兩億美金，創了歷史新高，占當年對外投資金額的比重 1.63%。投資的區域主要是以南部非洲與西部非洲為主，累積投資的金額分別為四億美金，占臺灣歷年對非洲投資總重 41%，是非常大的比重，兩個地方加起來相當於 82%。投資的產業主要以金融、保險為重點，占了同期投資非洲比重大概 36% 左右，其次是運輸和倉儲業，其他包括支援服務業、批發零售業等等。

為掌握非洲投資的商機及風險，我們針對非洲臺商及相關企業進行問卷調查，已經在非洲投資的臺商有 47 份的問卷回收，尚未前往非洲投資的國內企業及其他地區的臺商有回收 269 份，其中有 83 份表示有意願前往非洲投資。問卷調查回收的區域分布，在南非跟西部非洲以及北部的埃及。

僑委會的調查顯示，有一些非洲臺商提供在臺企業與在其他地區發展的臺商參考未來可前往非洲投資發展的產業。超過百分之三十有五大產業，最多的是農林漁牧業有 57.4%，另外超過百分之五十的有製造業，其他部分包括批發零售以及營造工程業、運輸倉儲業，這些都是我們投資非洲的臺商建議前往發展的產業。

適合的國家主要是南部非洲、奈及利亞以及北部的埃及。南非是非洲的第二大經濟體，氣候跟臺灣相近，土地相對便宜，適合臺灣的農林漁牧相關的農業、養殖業前往，當然也有一些多元發展的產業，像塑膠、零件、紡織、布料、批發零售產業也有進駐。賴索托因為有美國特別的非洲成長暨機會法案，這個法案針對紡織品出口美國的關稅有優惠，而且當地工資也相對便宜，所以適合紡織業、製鞋業前往。史瓦帝尼是我們臺灣的邦交國，政府訂有投資補助的辦法，臺商在史瓦帝尼的投資以紡織業為主。奈及利亞是非洲第一大經濟體，位於西非，人口高達 1.71 億人，它的天然資源包括石油、天然氣都非常豐富，另外臺商也在當地籌設亞太工業園區，對於臺商的進駐會有很大的幫助。埃及雖然臺商不多，但是它鄰近中東、歐洲的市場，近年來積極發展製造業，對於臺灣的機械、汽車零組件、食品機械、塑膠機械等產品的需求相當高，另外埃及政府因為空污的問題，積極鼓勵電動車發展。

　　調查顯示，還是有很多臺商認為投資非洲有很高的風險，也有一些認為有很大的商機。正面的評價方面主要是：勞動力的充足、土地取得容易、歐美的優惠政策、政策的穩定性比較高、經商的前景和潛力也比較高，這是在非洲投資的臺商普遍的心得。另外有一些持平的意見包括：吸引臺商投資的優惠政策、政府行政的效率，以及工會組織的運作。但是也有一些負面的看法，包括產業鏈不完整、匯率的風險與治安，尤其是最近南非發生暴動，這確實讓臺商有些顧慮。

　　部分當地的臺商非常樂意協助臺灣相關的企業進入非洲，他們建議的產業包括：製造業、農林漁牧業、營建工程業、紡織成衣業、不動產業等等。他們認為可以協助的地方包含諮詢、經驗分享的服務，其次是通路行銷以及市場調查等。臺商朋友在非洲有個臺商總會，旗下有 23 個地方的分會，會員大概有 1,100 人左右，這是臺商企業或是其他地方投資的臺商要進入非洲投資非常重要的一個資源。

　　在還沒有前往非洲投資的臺商和國內企業者認為：有很多投資非洲潛在的障礙，主要是對非洲的不了解，包括如何申請政府的投資海外貸款、了解非洲當地的投資環境及風險,以及了解當地投資法規等等部分,他們覺得有比較大的困難,希望有更多的協助。更具體來講,對當地政經情勢的不穩定有些擔憂,對當地治安比較差也有些疑慮,對於當地語言溝通的困難,當地的經濟條件比較差,當地外匯管制的風險,當地人員專家的團隊也比較匱乏,還有貸款的困難度比較高,所以這些是一般看到說前往非洲投資一些潛在的障礙。另外,他們也希望政府可以給予一些協助。已經在非洲投資經營的臺商,主要期盼獲得技術研發、人才需求、產學合作之協助。還沒有前進非洲投資的臺商則需要融資的協助、資訊的提供、人才、技術研發的協助,這些都是需要政府出面協助的地方,接著介紹僑委會如何來協助大家投資非洲的一些輔導的措施,包含融資的信保、風險評估投資的商情資訊、人力資源資訊的提供、技術研發升級的輔導,最後是非洲商機的研討會。

目前僑委會有一個海外信用保證基金,我們在非洲有一個特別的方案,每戶目前授信最多是兩百萬美元,而同一個經濟利害關係人,只要設立在非洲地區,授信額度合計最高可以到兩百五十萬美元。再者,中國輸出入銀行也可以針對海外投資融資的業務辦理相關的貸款,貸款額度最高為股本投資金額的百分之八十,我想這個部分對於臺灣的企業去到非洲投資都是一個蠻大的重要幫助。

目前各個部會合作推動非洲計畫,包括僑委會、外交部、經濟部、外貿協會都有整合一些平臺,來協助臺商進入非洲。包括外貿協會有個非洲俱樂部,僑委會有非洲臺商總會,這些都可以協助大家來經營各方面的連結與合作。

另外僑委會也有彙整相關的資訊成立一個非洲專區的網頁,包括僑務、臺商、急難救助等等的項目,網址是:Africa.Taiwan-World.Net,另外外貿協會也整合各部會的資訊,設立非洲經貿網:Africa.Taiwantrade.

Com，可以參考，未來投資非洲、前進非洲都有更充足的資訊，能夠明辨它的商機和風險。再者，僑委會也彙整了一些手冊，讓大家進入非洲的時候更容易參考，包括非洲臺商服務手冊、南非臺商服務手冊，以及我們剛編輯完成的南非臺商投資環境報告，有助於前進非洲投資的時候，獲得當地的協助。

另外，僑委會也在評估把更多外貿協會、駐處經濟組相關的資訊也彙整到這些相關的手冊，希望各位有更好、更完整的參考。目前為了掌握全球僑臺商的經營動向及當地經營環境的評估，僑委會已經委託民間的單位來進行調查，希望在年底前能夠發表臺商海外經營動態與投資環境的調查報告，可以提供臺商在海外投資的動向的調查。

在人力部分，最近這幾年來臺灣念書的非洲學生也逐年增加，目前大概都是一千多位，這部分教育部有完整的資訊，各個學校希望臺灣企業前進非洲，或者在非洲的臺商都能夠來運用。另外我們在非洲也有一些僑校，跟一個僑校組織，加起來有兩千兩百位的學生，這個部分可以作為各位在非洲經營當地人才重要的人才庫，這些都是協助大家重要人才的來源。

僑委會在 2021 年也成立了一個產學合作的方案，彙整國內 35 個大學產學服務的手冊，希望各位可以在僑委會的網站瀏覽參考，這樣對各位前進非洲有更多相關合作的資源。另外僑委會也跟十大智庫合作，成立僑臺商服務專區，這個服務方案包括產業升級與技術服務，都有手冊，歡迎參考，對於各位前進非洲有更好的研發能量跟技術服務能量的資源。僑委會跟農業科技研究院與全國農業金庫有相當好的合作方案，設立單一窗口：LINE@tw.AgriTech，也有服務手冊，這些都可以作為各位前進非洲在農林漁牧業方面非常好參考的資訊。

同時僑委會也提供技術諮詢、人才培育與產業鏈結等等整合的服務方案，目前有很多交流活動在進行，歡迎大家持續關注僑委會的網頁。在

2020 年到 2021 年，我們也辦了兩場臺商在非洲研討會，第一場在 2020 年 11 月，第二場就是今天，未來會持續舉辦相關研討會，提供更多產學交流的機會。

　　投資非洲有很多的潛力，也存在不少的風險，對於不熟悉非洲的業者，恐怕有更多的障礙、更多的風險，政府會協助臺商及企業去了解相關的資訊，來促進媒合和交流，讓海外的臺商成為投資非洲的一個助力，也讓海外的臺商結合臺灣的優勢，能夠幫助其在非洲有更大的發展，僑委會也會結合外交部、經濟部、外貿協會等的相關部會共同合作，提供前進非洲所需的多元資源及資訊，發揮臺灣優勢，鏈結臺灣與非洲。

非洲市場潛力與布局

江文若
（經濟部國際貿易局局長）

2021 年 8 月 15 日

　　我非常榮幸有這個機會，跟大家分享非洲到底有什麼樣的商機，以及貿易局做了哪些事情，來幫助我們業者擴展廣大的市場。今天的簡報會簡單的跟大家介紹一下，非洲的潛力和相關的布局；第二，我會介紹貿易局做的事情跟大家可以努力的方向。

　　首先，我們可以了解，非洲有非常廣大的天然資源，以鉑金來說，全世界 89% 的蘊藏量在非洲；又如我們熟悉的黃金，非洲的蘊藏量也高達 40%。非洲現在的人口大約有十三億，其中五億的人口屬於勞動人口，中產階級人口則超過三億人，有這麼多人代表什麼呢？代表都市建設已逐漸發展起來，目前非洲最大的城市是剛果首都金夏沙，總共一千五百萬以上的人口，有這麼多人，自然對進口有很大的需求，在 2019 年，整個非洲的進口金額超過了五千多億美元；非洲未來也將成為最大的自由貿易區，高達 90% 的產品區域內免關稅，自然也會帶動很多貿易和投資的機會。

　　我們先看主要吸引投資的地點在哪裡？主要包括埃及和南非等國家，圖 1 代表在 2019 年世界各國主要投資的非洲國家；主要因為非洲能源礦產資源豐富，所以能源、建築、石油、化工、物流等，就占了外商在非洲投資布局的一半以上。而我國不管是在非洲東部、南部、北部、西部，甚至於中部，都有許多臺商在當地布局。

圖 1：2019 年世界主要投資非洲國家分布圖

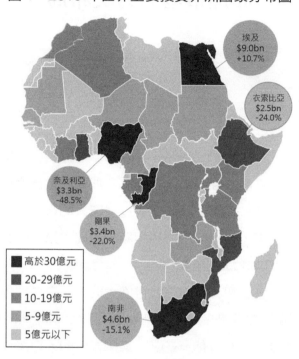

以紡織業為例，就是圖 2 中顯示斜線的區塊，從埃及開始、衣索比亞、肯亞、坦尚尼亞，一直到最南部的史瓦帝尼，甚至賴索托都有我商的紡織廠在當地經營，如捷展公司在埃及設立很大的紡織廠，總計雇用多達三千人，為當地創造許多就業機會。直線部分主要是跟食品相關的一些投資，如圖中阿爾及利亞、剛果及莫三比克等國，我商宏全公司已在非洲經營很多瓶蓋工廠；而在中部剛果，我們廠商設有很大的中央工廠，每天產出許多麵包供應當地市場所需。至於黑底點狀的區塊，是我業者對非洲能源產業的投資，主要在南非及布吉納法索等國，其中，中興電工已經在南非設立氫能工廠，提供乾淨的電力給當地商家和民眾使用。在深灰色的地區則是跟汽車零配件有關，如奈及利亞、迦納、阿爾及利亞及南非等國，例

如瑪吉斯已經在奈及利亞經營得非常成功，是奈及利亞第一大輪胎銷售公司。

圖2：臺商在非洲投資分布

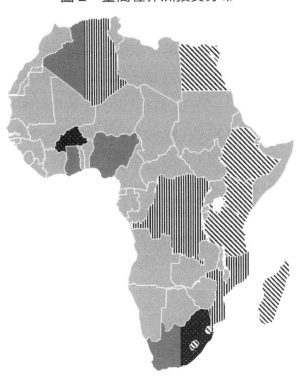

　　至於在進口的部分，非洲在 2020 年主要進口產品因受疫情影響，大部分都有衰退；但如果看我國對非洲的出口，熱軋鋼板於同（2020）年卻有大幅成長，成長率高達 82%，主因為南非、埃及鋼廠受到疫情影響停工，自然帶動我商對南非及埃及鋼板的出口；此外，電器零組件出口也是表現得非常好；而我國主要的非洲出口目的國，都是集中在比較大的國家，如南非、埃及等國。

第二個部分，跟大家說一下貿易局到底做了哪些事情。首先，我們在2020年成立非洲專案小組，貿易局邀請貿協以及重要的臺商業者，共同來探討業者需要哪些協助。我們也針對不同的產業辦理專案小組會議，目前為止已經召開了醫療、農產及食品加工、汽車零配件、機器及工具機、電子商務、綠能、紡織等七大產業別會議。預計在2021年10月份也會針對資通訊產品開會討論，當然不同的產業別也會面臨不同的問題，經整理歸納，主要項目如下：第一，對當地通路不瞭解，尤其在疫情期間，業者更無法赴非拓銷及佈建通路；第二，對非洲市場的資訊取得管道有限；第三，非洲金融支援不足，有些廠商反映在某些國家，銀行利率高達20%，甚至部分非洲買主付款票期長達720天，這些狀況對我們廠商赴非拓銷影響很大；其四，臺灣產品雖然品質優良，但是在非洲知名度不足，而因為非洲跟歐洲長期有經貿往來，所以許多非洲廠商寧願去買比較貴的歐洲產品，我們必須在知名度部分多下點功夫。為了解決這些業者的訴求，貿易局做了以下的工作。

第一，在設有外館的史瓦帝尼、南非成立投資窗口：業者對於拓展非洲有任何的需求，或是需要諮詢服務，都可以透過在南非和史瓦帝尼的臺灣投資窗口，來獲得諮詢服務及相關法規介紹。此外，我與史瓦帝尼簽訂經濟合作協定（ECA），也就是說史瓦帝尼有一百四十多項產品輸臺免關稅，其中包括蔗糖、蔬菜等，另外，酪梨在配額內亦為免關稅，爰我商利用此商機，決定於史國成立公司種植酪梨，俟收成後，就可免稅輸銷臺灣。

另一個方式為電子商務，受疫情影響，業者無法赴非擴展業務。而我們也觀察到，非洲在這幾年在電子商務方面有大幅增長，2022年產值預估可達290億美金，2025年更高達750億美金，而非洲電子商務發展最主要集中在奈及利亞、南非跟肯亞等國，所以貿易局在2020年11月份，首次跟奈及利亞官方舉辦數位貿易研討會，除邀請奈及利亞官員分享該國

電子商務概況外，也很榮幸邀請到全非洲最大的電子商務平台吉米亞公司
（JUMIA）跟我商介紹非洲電子商務概況及商機；上述研討會活動相當成
功，臺奈雙方超過百位業者參加，因為有這樣的成功經驗，我們與貿協也
在 2021 年 4 月和 8 月合作辦理電子商務相關活動。

　　至於在資訊不足的部分，貿易局決定成立一個臺灣非洲經貿的單一入
口網，預計在 2021 年 9 月份上線。未來業者可以在網站上找到市場商情、
重點產業介紹，更重要的是，所有非洲相關活動都會公布在上面，我也歡
迎所有業者隨時上去觀看，以獲取非洲最新的商情與資訊。

　　業者反映金融支援部分，在 2020 年 9 月份開始，透過經濟部駐非洲
經濟組接洽與協助，已經陸續與非洲三家銀行簽署轉融資服務，之後也會
跟其他銀行洽談類似的合作模式，以協助業者拓銷非洲。

　　最後就是要提升臺灣優質產品的知名度，貿易局持續與貿協合作辦理
非洲拓銷活動，2021 年 3、6、9 月辦理非洲線上拓銷團，以推廣我商優良
的 MIT 產品；我們也辦理小型機動團，只要非洲的買主有意願，都可以跟
臺商、跟我們本地業者進行貿易洽談與合作。

　　非洲具有很廣大的內需市場，擁有非常多商機，貿易局將持續跟外貿
協會、僑委會及外交部共同合作，幫助我商全方位擴展非洲市場，並開創
新的經貿成長動能，謝謝大家。

非洲經貿推廣與服務

楊心怡

（外交部亞西及非洲司司長）

2021 年 8 月 15 日

　　非洲有 54 個國家，將近三千萬平方公里，人口將近有十三億多人，是一個非常廣大的市場。非洲從今年開始正式啟動自由經濟貿易區，未來是非常有潛力的市場，所以我們對非洲非常的重視。蔡總統也一再的要求政府，希望能夠協助臺商進軍非洲，爭取非洲的商機，我國政府在對非洲的工作計畫中主要強調有七個領域：經貿、醫療、人員訓練、能礦基礎建設、ICT、農漁水產，還有僑民的鏈結等。今天將我們在非洲推動醫療及農業的合作，還有開拓東非外交的關係以及對非洲的經貿外交成果，還有未來對非洲布局及相關的機會，跟大家做報告。

　　我國在非洲地區的醫療合作，因為非洲醫療資源比較匱乏，所以受到像是瘧疾、愛滋病或是伊波拉，以及其他的傳染病肆虐。我國對非洲的工作計畫中一直以醫療當作重點工作計畫之一。我國在史瓦帝尼有很長遠的醫療合作計畫，我們在史國有長期的醫療團，這個醫療團從 2008 年開始設立，長期以來都有四到五位的醫師在史國提供民眾服務，不管是臨床就診、協助王室健檢、公共衛生教育，或者偏鄉的義診等，都獲得史國人民和政府的肯定。

　　這邊非常感謝在史國的醫療團隊，他們主要是由臺北醫學大學附設醫院的醫師和醫護人員組成，他們也在這一次防疫期間，兩度派遣醫療團隊去史國協助，也獲得史國政府高度的肯定。另外，因為史國缺乏癌症治療的能量及照護，我們也透過跟萬芳醫院合作，提供癌症治療的協助。另外我們在史國也有國合會和我國相關的醫療院所，推動孕產婦及嬰兒保健功能提升計畫。根據 WHO 統計，史國嬰幼兒及產婦死亡率比較高，我們透過公衛計畫來協助當地醫護人員專業能力的提升，也協助史國改善嬰幼兒及孕產婦死亡較高的問題。過去這段時間，史國的產婦跟嬰幼兒的照護率從 22% 提升到 90% 以上，因此獲得當地政府的肯定。在改善硬體部分，我國協助史國的醫療院所現代化，透過跟史國衛生部的合作，改善史京醫院及門診部門的設備，這個醫院已經在本年初完成，預計近期將會啟用。

　　相關的合作也希望透過建立醫療展示窗口，把我們的醫療產品，還有相關的優良的醫療技術，介紹給非洲國家，對我國醫療水準能夠有進一步的認識。我也希望透過醫療服務能夠讓我們的醫材和醫藥進入非洲，所以在最近這段防疫期間，也陸續捐給史國及索馬利蘭很多的防疫物資，比方說口罩、防護衣、PCR 檢驗設備、紅外線熱像儀或是其他藥物。這些產品都在非洲建立起良好的聲譽，也讓更多非洲國家知道臺灣優質的產品。最近我們也將兩個防疫、援外的口罩生產線捐助給史瓦帝尼，由史國的廠商來營運這兩條生產線，目前這兩條生產線都已經進入生產，現在很多在史國公開場合所戴的口罩，就是由臺史兩國合作的產品。

　　我國在非洲地區透過亞蔬—世界蔬菜中心跟史瓦帝尼合作的案子，大家都知道亞蔬是我國正式以國名所參加的國際組織，總部設在臺灣。多年以來，我們跟亞蔬都有良好的合作關係，在全球五個區域中心裡面，有三個是設在非洲。所以我們也希望透過跟亞蔬的合作能夠增進我們跟史瓦帝尼邦交國的關係。在去年非洲計畫裡面，我們也跟史國農業部還有亞蔬中心進行討論、簽訂協議，未來由我國和亞蔬在史國設立種源庫，來協助保存史國的蔬菜的多樣性，並且協助史國能夠增進他們的糧食安全、增進農民的收益，然後讓史國的人民享受到更多臺灣的優質蔬菜。

　　另外我國對東非布局，去年 9 月我國和索馬利蘭正式設立雙邊代表機構，也透過這一個合作，我們在索馬利蘭推動各個方面合作，主要是在農業、公衛還有 ICT 通訊等三個領域。也期望未來能夠跟索馬利蘭合作，能夠增進雙邊礦業或者是漁業等方面的交流。此外，為了協助索國跟我國的人民交流及教育建教合作，我們也提供了 20 個獎學金給索馬利蘭。索國最近這幾年在外交上非常的活躍，加上在今年 5 月份也舉行了眾議院和地方議員的國會大選，預計明年會舉行總統大選。透過民主實踐，索國逐漸地成為一個成熟的民主機制國家。未來我們在這個民主自由人權的基礎上，會繼續深化與索馬利蘭的合作。

　　索馬利蘭是不是有商機呢？是的。索馬利蘭的位置是在非洲之角上，它的地理位置在紅海的入海口，還有非洲之角東部的亞丁灣地區，所以它是交通樞紐，讓它在這個地區，呈現了相當的重要性。另外，它也是連結衣索比亞最重要的管道，希望在這個基礎上，能夠加強與索馬利蘭的合作，協助我們臺商經營東非這個地區。索馬利蘭的重要港口，叫做柏培拉（Berbera Port），目前這個港口已經由一個杜拜的公司——DP World，陸續協助港口基礎建設與營建計畫。第一期的計畫已經完成，未來將會繼續開拓公路連結柏培拉港和衣索比亞首都阿迪斯阿貝巴，成為紅海與亞丁灣水域之間的轉運中心。

　　在我國跟非洲的重要的經貿外交方面，在史瓦帝尼這邊簽訂了 ECA 合作案，也有在標準檢驗方面的合作。南非方面，我們有中小企業的合作備忘錄。還有奈及利亞，我們也簽署了有標準檢驗合作的備忘錄。在疫情期間，還透過各種線上會議或線上加實體的會議，來協助臺商與非洲的地區廠商進行交流或合作，我們也在去年陸續舉辦布局非洲新金磚投資和探索非洲商機會議，以及史瓦帝尼農牧產品的發表會。在索馬利蘭我們也辦了實體的 2021 年臺灣商展。在南非方面，我們也辦理經濟聯席會議，以及臺非的企業論壇等等。

　　未來我們對這個地區的經貿外交工作，會特別強調兩個政策工具可以使用。其中一個是我們對於非洲投資的補助，其中只要在邦交國投資金額達十萬美元以上，經過投審會核准的我國股東持有股份達到 50% 以上，就可以享受以七年為限各年度員工的薪資、土地、營業場所的租金或者融資的利息擇一補助，時間可以長達七年，累積的金額是在二千萬臺幣以下，目前有三家史瓦帝尼的廠商得到補助。另外是機票的補助款，假如廠商想要去非洲考察投資機會的，也可以申請投資機票補助。

　　未來對非洲外交布局跟規劃裡面，在南部非洲，史瓦帝尼始終是我們的外交重心，所以南部的非洲會以史瓦帝尼跟南非為主，加強與周邊地區經貿實質關係往來。另外，我們也希望在馬達加斯加跟模里西斯能夠加強提供服務，因為當地有很多的臺商和漁民。在非洲東部目前我們已經有索馬利蘭，未來我們也希望與貿協在肯亞奈洛比的貿易中心加強合作拓展東非。在中非、西非方面我們也會透過奈及利亞代表處加強跟周邊地區的合作。

逐鹿非洲，關鍵密碼

邱揮立

（外貿協會市場拓展處處長）

2021 年 8 月 15 日

今天以外貿協會多年來拓展非洲市場的一些心得，跟大家做分享，今天題目是「逐鹿非洲，關鍵密碼」。要想成功拓展非洲市場，必須了解以下幾個關鍵密碼：第一個是「各國勢力在非洲」，第二個「製造業是非洲未來成長的關鍵」，第三是「跳躍的非洲」。現在非洲有多樣的風貌，跟過去我們記憶中，非洲充滿茅草屋、草原或者是野生動物園印象，已大不同。像迦納、盧安達、摩洛哥都有非常發達的都市景觀，另外，肯亞的新創領域發展也非常快速。

一、各國勢力在非洲

七世紀的時候，阿拉伯人就進駐到北非，而目前北非大概有 13 個國家使用阿拉伯語作為官方語言。歐洲在十六世紀開始便殖民非洲，因此現在非洲各地區已形成有法語圈、英語圈或是葡語圈的國家，可見殖民母國在當地的影響力仍非常大。另外比較少人知道的部分是，黎巴嫩人跟印度人在非洲也非常具有影響力。

1890 年前後，黎巴嫩人在法國的招募之下，很多工人到法國的殖民地去種植農作物，隨後黎巴嫩人便留在西非。現今的象牙海岸，大概有八萬的黎巴嫩人在該國，占總人口的 0.3%。雖說在象牙海岸的黎巴嫩人口數並不多，但是他們掌控該國 40% 的經濟動能，而他們在當地的商工會，總共有 273 家企業會員，就為該國貢獻了 8% 的 GDP，以及 15% 的稅收，可見黎巴嫩人在當地的影響力不容小覷。

而印度則是早在十六世紀，荷蘭人及英國人便陸續把印度人帶進非洲，當然也是殖民地的關係。在當時的背景之下，有很多印度的勞工在當地工作，最後也選擇留在當地生活。現今，我們可以看到在非洲大約有三百萬的印度人，就連甘地也曾在非洲待過 21 年，所以也可以看到在南非、肯亞、烏干達及坦尚尼亞等地都有印度人所組成的協會。

我們到非洲去出差或者是經商的時候，都看到非洲當地的不論是超市、雜貨店或藥店，老闆不是印度人就是黎巴嫩人，所以很多非洲當地人，家裡炒菜用的油，或者是各種生活用品，都是印度人或者是黎巴嫩人在做進口及銷售。

黎巴嫩人及印度人的背景與做事風格也不太一樣，黎巴嫩人相對比較保守，印度人相對比較開放。黎巴嫩人大概都是落居在西非，而印度人雖然早期都居住在東非，但是後來也慢慢跑到西非或是其他國家。例如我們在迦納也能看到印度裔開的 Melcom Group 超市，該超市連鎖店在迦納就擁有超過 33 個賣場。

而近二十年，中國大陸的「一帶一路」和日本等國家，也開始陸續進駐非洲。像日本豐田通商在非洲的布局大概有 39 個國家及 543 家分公司。豐田通商從 90 年開始前往非洲布局後，早期在非洲是從銷售汽車開始，後來也在當地買了一個法國超市。我們去年開始也跟非洲的豐田通商討論，是不是可以透過他們的超市通路，把我們臺商的產品賣到非洲去。此外，我們也在積極地洽詢，是否有跟其他國家一些大商社合作的機會。

從台商總會的資料來看，大概有九百多家臺商，且都以中小企業為主。如果跟前面一些國家來相比，歐美日在非洲的投資布局，大部分以電信、鐵路、公路等基礎建設相關事業居多。但黎巴嫩和印度相對都是以日常生活產業為主，同時也以中小企業居多，而臺商與他們的性質相似。

　　從各國在非洲深耕的歷史背景，非現有的勢力來看，我們可以看出臺灣廠商進駐非洲的力度與廣度都不足，因此，逐鹿非洲的第一個關鍵密碼，就是「蹲點深耕」。我們可以看到黎巴嫩人、印度人在非洲都已經超過上百年，其他的國家，像日本算是比較後來的。在當地需要深入市場，相信黎巴嫩人跟印度人的作法，可以提供我們一個很好的借鏡。

二、非洲未來成長關鍵

　　非洲近 10 年左右相當程度被中國「去工業化」。「去工業化」就是中國大陸以非常低價的產品，席捲整個非洲。讓非洲當地企業即便買設備在當地生產，價格還是拚不過中國大陸，所以在非洲很多國家想要發展製造業，其實非常困難。因此，我們可以看到非洲各國近年也積極推動自由貿易區，期望未來 15 年當中，非洲各國間 97% 的產品可以變成零關稅。也就說很多產品在當地生產就可以有零關稅的優勢，因此 2021 年我們可以看到迦納跟肯亞很多國家都陸陸續續推出很多產業政策。

　　肯亞政府提出，未來製造業產值占 GDP 比重的目標將從現今的 9.2%，2022 年成長到 22%。我們可以看到非洲首富丹哥特提到說：「一個國家如果只出口原料的話，是無法賺錢的，一定要做成品出口。」未來，不管是整個非洲聯盟，或是單個國家的產業政策，推廣製造業都是一個很大的趨勢。

　　第二個逐鹿非洲的關鍵密碼是「在地生產」。概念與貿協近來出版的「供應鏈重組的領航地圖」相通。這幾年經歷 COVID-19 或美中貿易戰後，很多在中國大陸這個世界工廠生產商品的產業鏈，將來會分散到各地去，該書提到未來世界工廠會變成多個地區市場製造中心，非洲當然也是其中一個，這趨勢跟非洲目前整個政策是非常吻合的。

三、跳躍的非洲

第三個逐鹿非洲的關鍵密碼是「跳躍的非洲」。大家都知道現在的網路無遠弗屆，因為科技的進步，在非洲也可以得到很多的資訊。德國曾經有報導指出，肯亞的奈洛比現在是熱帶草原的矽谷，馬克・祖克柏（Mark Elliot Zuckerberg）也曾經到訪肯亞，並提到：「奈洛比是非洲最好的一個新創基地。」我們可以看到大概有十家歐美創投基金在非洲投資將近一百億美元左右，另外，日本 JETRO 也是每年都在非洲收集當地新創公司的案例提供給日本企業做參考。

另外，非洲的電商，近年成長也非常快，除了奈及利亞的吉米亞公司（JUMIA）之外，非洲其他各國也都有電商陸續萌芽。除了這個電商與新創之外，我們可以看到非洲的設計，在很多先進國家都是受到許多的肯定。德國的工業研究會聯合會，曾經指出非洲的圖案在現今許多時尚創意中被廣泛應用。因此，第三個逐鹿非洲的關鍵密碼就是「跳躍思考」，不能只按照傳統觀念去看待非洲，應也要以跳躍思考來看如何進入非洲。

若進一步從市場面和產業面跟大家做非洲市場分析，在市場面非洲有54個國家，這麼多國家的市場應該怎麼進入？根據我們的分析，將非洲各國的 GDP、進口金額大小，以及經濟成長率的幅度，三個面向來分析：GDP 超過 1000 億美元以上、進口額超過 150 億美元以上的國家大概有 8個國家，我們稱他們為主力市場；第二是經濟規模到一定程度以上、近來經濟成長率非常高的國家，大概有十幾個國家，我們稱他們為潛力市場；最後則是未來具發展前景的國家，稱之為關注市場。很多長期在非洲深耕的廠商，他們對非洲都非常熟悉，所以他們基本上比較少跑主力市場。因此我們建議剛剛開始要拓展非洲市場的廠商，可以從主力市場及潛力市場開始，從這裡慢慢認識非洲、打進非洲，爾後再伺機拓展潛力市場及值得關注的市場，所以進入非洲，一定要有「分層進擊」的概念。

　　產業面，我們可以從非洲市場四大基本需求來看，基本上非洲目前還是面臨糧食保障的問題。能源電力的供應問題，還有運輸量不足，基礎建設不夠，一些道路建設都不太完善，所以我們提出值得關注的幾個商機：製造業、農業、交通工具、基礎建設和電力。

　　最後，外貿協會在拓展非洲市場，從市場調查、展團行銷，加強經貿關係等，各方面都深入布局。我們希望，也很歡迎對非洲市場有興趣的國內廠商及非洲臺商一起參與，共襄盛舉。

市場發展與產業布局

非洲區域經濟整合發展與對臺灣之影響

江文基 *

（中華經濟研究院 WTO 及 RTA 中心助理研究員）

廖倍好

（中華經濟研究院 WTO 及 RTA 中心輔佐研究員）

摘要

　　非洲自 1960 年代便開始有區域經濟組織成立，惟過去非洲市場規模較小，區域經濟整合成效有限。本研究利用區域集中度指標，發現非洲整體及各區域協定近二十年貿易無明顯集中於區域內之趨勢。另一方面，在 AfCFTA 生效後，由於我國與非洲彼此投資與貿易比重相當低，研判 AfCFTA 生效後對我國產生的貿易移轉與投資移轉衝擊可能有限。

　　此外，面對 AfCFTA 區域經濟整合，我國因應可以分成臺商與臺灣兩個面向進行探究。以臺商而言，由於臺灣非協定成員，我國無法適用成員之間的協定優惠，但臺商仍可透過投資方式間接參與非洲市場整合。對於臺灣本身而言，因應策略在於強化關鍵中間財的研發與生產優勢，增加我國不可取代性，進而促使區域內成員提升對我國之投資，同時透過單邊自由化，降低我國投資障礙，產生投資創造效果並提升我國整體經濟福利，此可能是 AfCFTA 生效後，臺商與臺灣兩者達到雙贏局面之可能方式。

關鍵詞：區域經濟整合、非洲大陸自由貿易協定、AfCFTA、臺灣、非洲

---
* 本文通訊作者。E-mail：wunji@cier.edu.tw；地址：106 臺北市大安區長興街 75 號。

壹、前言

區域經濟整合在近二十年發展迅速，根據世界貿易組織（World Trade Organization，以下簡稱 WTO）針對自由貿易協定或區域貿易協定（Free Trade Agreement/Regional Trade Agreement，以下簡稱 FTA/RTA）通報數量之統計，至 2021 年 3 月為止共有 553 個（包含協定新成員之加入）規模大小不一的經貿協定產生，其中非洲區域的 FTA/RTA 通報數量為 50 個。若與全球其他主要地區比較，非洲 FTA/RTA 之累積通報數量相對偏少，如歐洲地區 FTA/RTA 累積通報數量為 210 個；東亞地區 187 個；南美洲地區 124 個；北美地區為 85 個；中美洲地區 79 個。不過，在非洲大陸自由貿易協定（African Continental Free Trade Agreement，以下簡稱 AfCFTA）於 2021 年正式啟動後，其已成為參與成員涵蓋 54 個非洲國，總人口 13 億人，GDP 合計超過三兆美元的巨大經濟體。

事實上，非洲在區域經濟組織的發展過程中，自 1960 年代末期就有區域經濟組織的成立，迄今已有超過半世紀的發展，惟非洲大陸小國眾多且市場破碎，雖試圖以區域整合方式達成規模經濟並降低貿易障礙，但規模相對而言較小。直至 AfCFTA 生效後，其被認為是自 WTO 成立以來參與成員數目最多的區域貿易協定，為非洲大陸區域經濟整合趨勢之具體展現，且足以當作全球巨型區域經濟整合之典型範例，致使 AfCFTA 所產生的潛在經濟利益成為近來學界討論的熱門焦點。綜觀過去文獻，包含由量化及質化角度切入探討 AfCFTA 效益，已存在許多研究預估 AfCFTA 生效後，關稅與非關稅障礙的降低將顯著地提升參與成員國間的貿易往來、促進各成員國的工業化，以及微中小企業、婦女與青年參與區域及全球價值鏈，並擴大當地投資商機與就業，從而促進非洲大陸整體福利提升（Abrego, Amado, Gursoy, Nicholls and Perez-Saiz 2019; Bayale, Ibrahim,

Atta-Mensah 2020; Chaytor 2020; Fofack 2020, Jensen and Sandrey 2015; Mevel and Karingi 2012; Luke 2020; Saygili, Mesut, Peters, and Knebel 2018; Phiri-Hurungo 2020）。

　　然而，過去基於地理距離及內部投資條件不佳等因素，在商業活動上，非洲並非臺商海外布局的第一優先選項，因此長期以來一直忽略非洲大陸市場所蘊藏的潛在商機。特別是近來面對美中貿易戰及 COVID-19 疫情等國際情勢變化，學界、各國政府與企業已體認到實現供應鏈多元化（supply chain diversification）之重要性，過去以中國為核心的生產網絡與模式恐因上述國際情勢變化所導致之全球供應鏈重組而產生變化（Javorcik 2020; Runde and Ramanujam 2020; Zhu, Chou and Tsai 2020）。對此，非洲大陸除了人口紅利及礦產資源豐富等優勢外，在 AfCFTA 生效後，其將促進協定成員、區域及非洲整體價值鏈（value chain）之發展，而這些價值鏈的發展都是整合進全球經濟體系之重要因素（Fofack 2020; Songwe 2020），且可能被全球各國視為下一個主要市場與投資布局之潛在對象（African Development Bank, 2020）。目前，全球一些主要國家已針對非洲大陸推出各種促進投資政策及計畫，包括 2019 年美國提出的「繁榮非洲計畫」（Prosper Africa）及法國的「選擇非洲倡議」（Choose Africa），以及日本早於 1993 年至今便持續舉行之「東京非洲發展國際會議」（Tokyo International Conference on African Development）與中國自 2000 年至今每三年舉行一次的「中非合作論壇」，皆顯示全球主要國家對非洲投資布局之重視。

　　總結以上，非洲大陸區域經濟整合之前景，為全球經濟成長動能注入更多的變數，同時也為我國對外投資布局空間帶來新的機會與挑戰。著眼於 AfCFTA 生效後非洲內部潛在商機的擴大，且非洲地區已是全球主要國家（包括美國、日本、法國及中國等國）之布局重點，我國現階段有必要盡早體認布局非洲之重要性，並融入當地供應鏈中，掌握未來非洲大陸區域經濟整合的利基，此為我國政府及企業現階段應該關注之議題。在此背景下，本研究重點著重於非洲大陸區域經濟整合之發展及其對臺灣之影響與意涵。章節架構安排上，本文共分成五節鋪陳論述，第二節說明非洲區域經濟整合趨勢，包括 AfCFTA 之最新發展；第三節主要探究非洲區域經濟整合對我國之可能影響；第四節則是針對非洲大陸區域經濟整合區域下臺商與臺灣的因應策略進行討論；最後歸納本研究之結論，在第五節進行總結。

貳、非洲區域經濟整合之發展

一、非洲內部區域經濟整合之發展

非洲大陸小國眾多且市場破碎，因而各國試圖以區域整合方式達成規模經濟、降低貿易障礙，非洲的區域組織數量也因此居各洲之冠，大部分國家都同時參與多個區域整合組織（Regional Economic Communities, RECs）[1]。茲列舉非洲各地區重要之區域經濟組織並具體分述其發展如下：

（1）1967 年，**東非共同體（EAC）**首次成立，1977 年因成員國間的政治分歧和經濟衝突宣告解散後，於 2000 年再次成立，目前由六個成員國組成，分別為：蒲隆地、肯亞、盧安達、南蘇丹、坦尚尼亞、烏干達，並漸次完成市場及區域貨幣的整合。2009 年，除南蘇丹以外的其他成員簽署「東非共同體共同市場草案」（EAC Common Market）並於隔年生效，緊接於 2010 年「關稅同盟」（Customs Union）正式啟動、（2014 年）以「單一關稅領域」（Single Customs Territory）改善成員國間貨物的通關流程，

---

1 African Development Bank (2019), *African Economic Outlook 2019*, https://www.afdb.org/fileadmin/uploads/afdb/Documents/Publications/2019AEO/AEO_2019-EN.pdf.

2013 年達成「貨幣同盟」（EAC Monetary Union），目標為政治、經濟及社會的進一步深化整合，以促進成員國利益[2]。

（2）1975 年成立的**西非經濟共同體（ECOWAS）**與東非共同體（EAC）之整合程度相當，初始以經濟整合為主要目標，1993 年後逐漸融入政治整合的理念，2007 年更通過「2020 年願景」（Vision 2020），旨在透過嚴謹且具包容性的合作計畫，有效提升區域內人民的生活水平及整體發展。目前由貝南、布吉納法索、維德角、象牙海岸、甘比亞、迦納、幾內亞、幾內亞比索、賴比瑞亞、馬利、尼日、奈及利亞、獅子山、塞內加爾、多哥等 15 個成員國組成。[3]

為加速各國家政策及民間經濟活動的整合，ECOWAS 透過「西非經共體單一貨幣計畫」（ECOWAS Single Currency Programme）和「西非經濟數據庫及監管系統」（ECOWAS Macroeconomic Database & Multilateral Surveillance System, ECOMAC）[4] 促進成員國於經濟議題的合作，2019 年 6 月各國領袖於 ECOWAS 峰會上同意使用「ECO」作為共同貨幣，並計畫於 2020 年起推動單一貨幣政策[5]。

（3）事實上，1994 年由貝南、布吉納法索、象牙海岸、幾內亞比索、馬利、尼日、塞內加爾和多哥等八國另組**西非經濟貨幣聯盟（WAEMU）**，使用共同貨幣西非法郎（West African CFA franc），以西非區域經濟一體化為目標，達到資金、人員、貨物、服務自由往來之目的[6]；此外，除維

---

2 East African Community (EAC), "About EAC," https://www.eac.int/about-eac.

3 Economic Community of West African States (ECOWAS), "ECOWAS Basic information," https://www.ecowas.int/about-ecowas/basic-information/."

4 ECOMAC 係西非經濟體成員基於對各國經濟及財政政策的監管，共同建立的資料庫，內容囊括實體經濟、財政、貨幣市場等數據，並評估各成員國經濟表現是否達 ECOWAS 經濟整合所設定之標準。請參見 http://www.ecomac.ecowas.int/en/index.htm。

5 Louise Dewast, "West Africa's eco: What difference would a single currency make?" *BBC NEWS*, https://www.bbc.com/news/world-africa-48882030.

6 United Nations Economic Commission for Africa (UNECA), "ECOWAS - Macroeconomic Policy Convergence," https://www.uneca.org/oria/pages/ecowas-macroeconomic-policy-convergence; Tralac Trade

德角外的其他六個成員國（奈及利亞、獅子山、迦納、幾內亞、甘比亞、賴比瑞亞）也於 2000 年成立西非貨幣區（West African Monetary Zone, WAMZ），並提出使用西非單一貨幣的概念[7]，並於 2019 年為 ECOWAS 所接受。

（4）1992 年**南部非洲發展共同體（SADC）**成立，由非洲南部 16 個國家組成[8]，並建立貿易監督及遵循機制（Trade Monitoring and Compliance Mechanism）來促進貿易及消除非關稅障礙，SADC 依據「南部非洲發展共同體之區域性戰略發展指導計畫」（SADC's Regional Indicative Strategic Development Plan, RISDP）建立關稅同盟（SADC Customs Union），目標為進一步整合為南非共同市場（SADC Common Market），朝單一貨幣聯盟發展[9]，然而目前仍於關稅同盟階段停滯不前，整合進度持續延後[10]。

（5）而與南部非洲發展共同體處境類似的還有**東南非共同市場（COMESA）**及**三方自由貿易區協定（TFTA）**。COMESA 於 1994 年取代原本的優惠性貿易協定（Preferential Trade Area, PTA）而成立，2009 年啟動關稅同盟後擬逐步推動自由貿易區、共同對外關稅等，然而實際成效不如預期，至今仍未實現關稅同盟。[11] 而 TFTA 於 2005 年由 COMESA、EAC 和 SADC 共同組成，2015 年簽署三方自由貿易協議，其目標雖然為

Law Centre, "ECOWAS Single Currency to Be in Circulation by 2020," February 23, 2018, https://www.tralac.org/news/article/12769-ecowas-single-currency-to-be-in-circulation-by-2020.html (accessed on November 22, 2018).

7 "Common West Africa currency: ECO in 2015," Modern Ghana(2009), https://www.modernghana.com/news/219137/1/common-west-africa-currency-eco-in-2015.html (accessed on August 22, 2018).

8 南部非洲發展共同體（SADC）成員國包含：安哥拉、波札那、葛摩聯盟、民主剛果、史瓦帝尼、賴索托、馬達加斯加、馬拉威、模里西斯、莫三比克、納米比亞、塞席爾、南非、坦尚尼亞、尚比亞、辛巴威等 16 國。

9 Southern African Development Community (SADC), "Integration Milestones," https://www.sadc.int/about-sadc/integration-milestones/.

10 Southern African Development Community (SADC), "Integration Milestones," https://www.sadc.int/about-sadc/integration-milestones/ (accessed on November 22, 2018).

11 United Nations Economic Commission for Africa (UNECA), "COMESA - Trade and Market Integration," https://www.uneca.org/oria/pages/comesa-trade-and-market-integration (accessed on November 22, 2018).

建立更廣泛的東南非市場,但因成員國眾多、涵蓋的市場規模廣大,且各國間經濟發展程度有落差,因此改善基礎設施仍為其優先發展項目之一[12]。

(6)1999 年**中非經濟及貨幣共同體**(CEMAC)成立,為非洲地區目前經濟整合度較高的組織,此區域化進程最早可追溯至 1919 年法國殖民時期所建立的法屬赤道非洲(Federation of Equatorial French Africa, AEF),儘管 1958 年各會員因實施半自治而解散,但喀麥隆、加彭、中非共和國、查德、剛果等五國於 1964 年共同成立**中非關稅及經濟聯盟**(Central African Customs and Economic Union, UDEAC),為中非經濟及貨幣共同體之前身,1994 年各國簽署中非經濟及貨幣共同體條約而正式成立,並於 2000 年達成自由貿易區,但目前區域內仍存在許多關稅及非關稅貿易障礙,成員國間的貿易程度仍有待提升[13]。中部非洲國家銀行(Bank of Central African States)為 CEMAC 之中央銀行,專責 CEMAC 之貨幣政策、發行共同貨幣法郎(即中非法郎,Central African CFA franc),並促進區域內金融體系之穩定[14]。

針對非洲區域經濟整合程度,非洲聯盟執委會(AU Commission)、非洲開發銀行(African Development Bank)以及聯合國非洲經濟委員會(United Nations Economic Commission for Africa, ECA)共同提出「非洲區域整合指數」(Africa Regional Integration Index),具以呈現各區域經濟共同體及成員國的整合進程,並提出加速整合之方針。非洲區域整合指數

---

12 Soamiely Andriamananjara (2015), "Understanding the importance of the Tripartite Free Trade Area," Brookings Institution, https://www.brookings.edu/blog/africa-in-focus/2015/06/17/understanding-the-importance-of-the-tripartite-free-trade-area/.

13 International Democracy Watch(IDW), "Central African Economic and Monetary Community," http://www.internationaldemocracywatch.org/index.php/monitored-igos/africa/551-central-african-economic-and-monetary-community.

14 Bank of Central Africa, https://www.beac.int/beac/la-beac/.

根據《阿布加條約》（Abuja Treaty）歸納出區域整合的五大面向[15]，分別是區域基礎建設、貿易整合、生產整合、人員自由流移動、金融及經濟整合，該五大面向又細分為 16 項指標，並以各指標分數計算各個區域經濟共同體（REC）的整合程度，即 REC 分數（REC score），介於 0～1 之間，分數越高代表越接近貿易整合階段，反之則尚處於金融及經濟整合階段。根據該指數的最新（2019 年）[16] 報告顯示，整體而言非洲各區域整合程度不高，且有衰退的趨勢，而在各 REC 整合程度之排名上，東部非洲仍為經濟整合程度相對最高的區域，其餘大多數非洲區域組織的整合情況相較 2016 年皆呈現微幅衰退，儘管許多國家同時參與兩個以上的區域組織，可能影響該分數的準確性，但總體而言各區域經濟共同體的整合程度不甚理想，也突顯出 AfCFTA 整合非洲各國市場的重要性。

二、非洲大陸自由貿易協定之形成與挑戰

AfCFTA 的首要目標即建立以非洲為主體的單一市場，提升整體貿易動能除了能帶動非洲各國經濟發展、減少貧窮人口、促進和平穩定外，最終目的是提高非洲國家的國際競爭力，加速融入為全球價值鏈的一環。不過，因為非洲大陸幅員遼闊、各區域發展進程不一，其整體所能發揮的經濟動能與其內部各區域之發展程度有很大的關連。亦即是，非洲大陸自由貿易區的整合與其所創造的總體效益，須奠基於非洲內部各區域之經濟發展與互通有無，此外非洲大陸族群眾多，且受到過去殖民歷史所影響，對

---

15 《阿布加條約》（Abuja Treaty）為非洲統一組織（Organisation of African Unity, OAU）於 1991 年通過，並宣布成立非洲經濟共同體（African Economic Community），旨在促進非洲社會、經濟等各方面的整合，並逐步推進非洲經濟一體化進程，而阿拉伯馬格瑞布聯盟（UMA）、東南非共同市場（COMESA）、撒哈拉沙漠國家共同體（CEN-SAD）、東非共同體（EAC）、中非經濟共同體（ECCAS）、西非經濟共同體（ECOWAS）、東非政府間發展組織（IGAD）、南部非洲發展共同體（SADC）等區域經濟組織即為 AU 架構下的八大支柱。

16 *Africa Regional Integration Index Report 2019*, African Union Published. https://www.integrate-africa.org/fileadmin/uploads/afdb/Documents/ARII-Report2019-FIN-R40-11jun20.pdf.

於非洲聯盟欲推動的產業工業化、區域間交流及整體經濟成長均構成相當
大之挑戰。事實上，非洲聯盟（African Union）也持續關注非洲各區域之
整合概況，希望藉由推進不同區域的整合程度，能有助 AfCFTA 對非洲大
陸全面性之統合，因而在透過 AfCFTA 獲致經濟效益前，區域發展以及長
期存在的社會矛盾等議題，成為亟待各國政府解決的首要任務。

　　承前所述，非洲幾個主要區域的經濟整合程度不高，甚至有衰退的趨
勢。究其原因，各國缺乏生產力和重要基礎設施是影響整體表現的關鍵因
素，意即是除了非洲各國間通關障礙高、缺乏穩定的物流系統，以及基礎
建設不足之外，許多國家的產銷能力低落，無法帶動進出口動能，導致各
產業的區域價值鏈難以成形，而各區域的經濟整合程度不足勢必將影響
AfCFTA 推動非洲大陸整合的進程。儘管各區域組織的整合程度不足，但
許多研究均指出，非洲國家的區域經濟組織（RECs）仍是帶動非洲內貿
易的主要動能與關鍵，大部分的貿易活動還是發生在主要的區域經濟整合
內，區域內的重要貿易樞紐，如象牙海岸、肯亞、南非等國家成為帶動貿
易的引擎，且相較於 AfCFTA 協定，各區域組織具備規模較小、整合歷程
長、成員間合作經驗豐富等優勢，無論在處理貿易議題或政策制定上均能
較迅速反應[17]。非洲各國於 AfCFTA 協定談判過程中，很大程度上仍以各
區域經濟組織（RECs）之利益作為談判基礎，因而促成非洲內部各區域組
織的合作是 AfCFTA 協定能否順暢運行並促進非洲經濟發展的關鍵。

　　然而，目前各區域整合間仍存在關稅及非關稅貿易障礙，對於彼此間
的經貿活動、資源流通或制度上的合作構成負面影響，使得各區域整合間
的貿易量受到限制。細部而論，導致此情形的主要原因有二，一是受到

---

17 Brendan Vickers(2018), Sub-Regions First : The Role and Evolution of Regional Economic Communities in Africa, A Vision of Africa's Future; Philomena Apiko, Sean Woolfrey and Bruce Byiers(2020), The promise of the African Continental Free Trade Area (AfCFTA), ecdpm, https://ecdpm.org/wp-content/uploads/Promise-African-Continental-Free-Trade-Area-AfCFTA-ECDPM-Discussion-Paper-287-December-2020.pdf?fbclid=IwAR1VuGq62pdLCfWQDQYfqHdvmqQdQ209B1PDHMJGmBs9jiLTz2bij3t4qzM.

關稅壁壘及貿易規範影響，壓縮了一國與其他非結盟國之間的貿易往來空間，因而若無法有效降低關稅或進行法規調和，則難以提升整體經濟成長。不過針對消除貿易關稅，雖然調降關稅有助於跨境貿易，對於經濟規模較大或工業化較高的國家有較明顯正面影響，但也可能造成依賴關稅收入的國家失去重要財政來源、失業率提升、面臨國外企業競爭等問題。而其他貿易規範方面，由於 AfCFTA 協定牽涉各國原制度及法規調和，且各區域整合（RECs）之規範亦存在差異，部分國家可能在協定生效後負擔制度調整的成本。進一步說明，以貨物貿易為例，AfCFTA 協定的目標是消除各國間的貨品關稅，但實際上在部分區域經濟組織（RECs）內部，成員國間並未給予優惠關稅待遇，針對此類法規適用問題，儘管目前決議採行「最惠原則」，亦即 AfCFTA 關稅架構下，各區域經濟組織（RECs）若有更優惠之關稅則適用原關稅待遇，但此作法將導致各國間貿易規範更加複雜，另一方面，取消商品關稅也可能使原本依賴關稅收入的國家面臨財政壓力[18]。

　　第二，雖然關稅降低的幅度與貿易量的成長兩者呈現正相關，但研究指出包括物流體系、基礎設施、金融系統、人才培育制度等軟硬體建設，此類非關稅貿易障礙若沒有積極進行改善，則可能削弱關稅降低所帶來的經濟效益[19]，尤其對收入相對低的國家所帶來的衝擊越明顯，其中距離遠近為最主要的非關稅貿易障礙，亦即是物流系統、交通基礎設施、關務效能、跨境貿易規範等的不健全，將直接影響非洲各國間的經貿活動，而這些因素中又以物流和基礎建設兩者最為關鍵。根據統計，若提升非洲整體

---

18 Bernhard Tröster and Eva Janechová(2021), The long journey towards Pan-African integration: The African Continental Free Trade Area and its challenges, Austrain Foundation for Development Research, https://www.oefse.at/fileadmin/content/Downloads/Publikationen/Briefingpaper/BP31-African-Continental-Free-Trade-Area.pdf.

19 International Monetary Fund (2019), *Regional Economic Outlook, April 2019, Sub-Saharan Africa : Recovery Amid Elevated Uncertainty*, https://www.elibrary.imf.org/view/IMF086/25761-9781484396865/25761-9781484396865/ch03.xml?lang=en&redirect=true.

物流服務至全球平均水平，非洲內部貿易量將成長超過 12%，而基礎設施之完備程度若具備世界平均水準，貿易量將有 7% 的增長。此外，除須加強硬體建設，各國的金融體系（如支付系統、換匯機制、金融監管機制）、經商環境、教育及技術培訓等方面亦須同時升級，才能有效促進非洲區域間的貿易。

　　總體來說，各區域經濟整合內部及區域間貿易的成長有賴於關稅及非關稅貿易障礙的共同消除，兩者須相輔相成，若僅調降關稅而未改善非關稅壁壘，則在 AfCFTA 生效後所能帶來的經濟效果有限。舉例而言，中非經濟及貨幣共同體（CEMAC）其成員國缺乏出口多樣性，且存在相當高的非關稅障礙，即便調降關稅也很難達到改善貿易量的結果，因而各區域經濟組織（RECs）之整合程度落差，對於統合非洲各國並促進經濟成長，仍為十分巨大的阻礙。

二、AfCFTA 之架構與運作

　　非洲大陸自由貿易協定（AfCFTA）最初源於非洲統一組織（OAU）時期（非洲聯盟之前身）所提出的「拉哥斯行動計畫」（Lagos Plan of Action in 1980）。該計畫中已有建立非洲共同市場的概念，爾後非洲聯盟（AU）承繼 OAU，為落實「加速政治、社會及經濟整合」的理念，於 2012 年 AU 峰會上通過「成立非洲大陸自由貿易區」決議、2015 年啟動談判，並於 2018 年 3 月 21 日成立，其宗旨為建立非洲大陸單一市場，促成人員、貨物及服務於區域內自由流通，加速形成非洲國家關稅同盟，以實現「非洲聯盟2063 年議程」（African Agenda 2063）所揭櫫之「建立整合、繁榮與和平非洲」的目標 [20]。非洲聯盟（AU）聚焦以下五大機制，消除內

---

[20] 非洲聯盟於 2015 年第 24 屆例行性會議上通過「非洲聯盟 2063 年議程」（African Agenda 2063），非

部所有關稅及貿易障礙[21]：

- 原產地規則（rules of origin）：關於商品及服務於區域內貿易享有免關稅待遇。

- 關稅減讓（tariff concessions）：2020 年 7 月 1 日前達成 90% 品項免關稅、10 年內增加 7% 敏感性商貨品的免關稅待遇。

- 建立監督、通報及消除非關稅貿易障礙（non-tariff barriers, NTBs）的線上機制：有效消除非洲各國間因實質性或制度性障礙而導致的貿易阻礙。

- 泛非洲支付及清算系統（Pan-African payment and settlement system）：確保付款時以當地貨幣支付，並於年底以外幣結算，以加速款項的即時付清。

- 設立「非洲貿易觀測站」（African Trade Observatory）：建立貿易資訊平臺以彙整貿易相關的數據、機會、進出口資訊等，降低 AU 成員國所面臨的貿易障礙。

目前，AfCFTA 協定內容的談判主要分為六大談判主題，分別是貨品貿易、服務貿易、爭端解決、智慧財產權、投資、競爭政策等，並分兩階

洲聯盟大會於 2016 年重申該議程為非洲各國於改善社會、經濟的共同發展框架，「2063 年議程」提出七大願景，包含：（1）包容性成長且永續發展的非洲；（2）在「非洲復興」、泛非洲主義的願景下形成一統合的、政治上一體的共同體；（3）具良好治理、民主、尊重人權、正義、法治的非洲；（4）和平及安全的非洲；（5）一個具文化認同、共同遺產、價值信念及道德觀的非洲；（6）一個由人民主導、充分發揮個人潛能（尤其是女性及青年）以及關懷孩童的非洲；（7）作為一個強大、具韌性、有影響力的全球參與者及夥伴。該議程依循上述願景，預計藉由五個 10 年計畫逐步達成，並囊括了 15 大旗艦計畫，而推動 AfCFTA 即為其中一項重要計畫。請參見：https://au.int/sites/default/files/documents/31829-doc-au_handbook_2020_english_web.pdf。

21 「非洲聯盟 2063 年議程」包含 15 大旗艦計畫：（1）整合高速鐵路網；（2）泛非洲虛擬大學（Pan African Virtual and e-University, PAVeU）；（3）非洲商品戰略；（4）非洲經濟論壇；（5）非洲大陸自由貿易區（AfCFTA）；（6）非洲護照及人員自由移動；（7）2020 年「讓槍枝靜默」；（8）大印加水壩計畫（Grand Inga Dam Project）；（9）泛非洲數位網絡（Pan-African e-Network, PAeN）；（10）非洲太空計畫；（11）單一非洲航空運輸市場（Single African Air Transport Market, SAATM）；（12）建立整合性的非洲金融組織；（13）非洲博物館（Great Museum of Africa）；（14）網路安全；（15）非洲百科全書計畫（Encyclopaedia Africana Project, EAP）。請參見：https://au.int/sites/default/files/documents/31829-doc-au_handbook_2020_english_web.pdf。

段完成談判。第一階段已於 2018 年 3 月完成貨品貿易草案、服務貿易草案以及爭端解決草案等三部分協定內容的談判，第二階段原預計在 2020 年 1 月完成針對智慧財產權、投資，以及競爭政策的協議草案，然而，受到新型冠狀病毒（COVID-19）疫情影響，AfCFTA 協定的談判進度可能延期至 2021 年。且 AfCFTA 雖在 2019 年 5 月 30 日生效，但至 2021 年 1 月 1 日才正式啟動。而關稅減免與非關稅障礙的降低為當前 ACFTA 討論與關注重點所在 [22]。

　　目前，AfCFTA 第一階段文本草案已公布，但各成員國關稅減讓承諾表尚未公開，以及原產地規則仍在談判階段，且第二階段智慧財產權、投資及競爭政策的協議草案受到 COVID-19 疫情影響，談判進度受到影響，確切完成日期尚不明朗。基此，雖然 AfCFTA 已經達正式生效門檻（22 個成員國遞交批准書），但由於原產地規則仍在談判，以及關稅減讓之重點文件皆未公開，短期內協定效益不易彰顯，待 AfCFTA 談判取得實質成果，公布關稅減讓表及原產地規則等重點文件，屆時研判 AfCFTA 之實質長期效益將漸浮現。

三、形塑「非洲模式」：與東協經驗之比較

　　以長期所能創造的經濟效益而言，AfCFTA 代表的是開發中國家彼此合作的升級、提升其於國際經貿體系中的影響力，但可預見的是非洲內部的整合障礙將為 AfCFTA 的推動造成偌大挑戰，因此非洲大陸整合的過程中機會與風險並存。事實上，聯合國發展計畫署（United Nations Development Programme, UNDP）和非洲聯盟發展署（African Union

22 AU (2021), African Business Council Applauds the Start of Trading on the Basis of the AfCFTA. https://au.int/en/pressreleases/20210104/african-business-council-applauds-start-trading-basis-afcfta

Development Agency, AUDA）針對全球治理議題，均致力於推動南方國家合作（簡稱「南南合作」）（South-South Cooperation, SSC），以建立南方國家間的夥伴關係來加速彼此的國家發展進程。不過，此合作概念最初始於 1955 年由亞、非開發中國家共同召開的「萬隆會議」、1960 年代的不結盟運動、77 國集團等南方國家主導的合作運動，強調彼此間的經濟合作，希望改善由北方國家所主導的世界經濟體系下的區域發展不平衡，並提升成員國的經濟自主能力。而後聯合國為平衡全球各區域發展，更強調「北—南—南對話機制」的重要性，認為全球資源的流動不應是傳統由北向南的單一輸出，而是雙向的資源共享，南方國家在整體環境提升後，應主動與其他南方國家進行經驗和資源的交流，亦即是在接受資源挹注的同時也能創造一定的貢獻。基此，聯合國發展計畫署（UNDP）於 2019 年首次出版針對非洲大陸的南南合作報告，重申南南合作是開發中國家間彼此在政治、經濟、社會、文化、環境和技術等領域的知識及經驗交流之重要模式。

　　綜觀全球南方國家進行區域合作的經驗，東南亞國協（Association of Southeast Asian Nations, ASEAN）之成效尤為顯著，亦為全球區域整合典範之一，其於 2015 年成立東協經濟共同體（ASEAN Economic Community, AEC）後整合為全球僅次於中國和印度的第三大市場，也是全球第六大經濟體，GDP 總和達 2.5 兆美元，並持續與區域外國家進行雙邊或多邊的經貿談判，以強化東南亞區域經濟的競爭力。相對於東協，同樣以南方國家為主要成員的非洲大陸自由貿易區（AfCFTA），由於長期以來的結構性因素及各國意見分歧，導致非洲大陸的整合成果有限，即便 AfCFTA 已成為全球規模最大的自由貿易區，其內部於經濟整合、社會安全等方面的發展瓶頸，使得 AfCFTA 協定的實際落實仍面臨極大挑戰，鑑此，以下將初步探討東南亞與非洲國家整合進程之特性及進程，相互參照並展望

AfCFTA 協定之未來發展。

　　首先，在整合架構方面，東協（ASEAN）初始之整合背景是冷戰時期美蘇兩強對峙下，為遏止共產勢力擴張所形成之區域安全共同體，以結盟方式共同維護區域內政治及社會的穩定。隨著冷戰結束及全球南北發展落差之現實，東協成員根據 2008 年《東協憲章》，在東協共同體（ASEAN Community）之下以「政治安全共同體」（ASEAN Political-Security Community）、「東協經濟共同體」（ASEAN Economic Community）及「東協社會文化共同體」（ASEAN Socio-Cultural Community）等三大支柱進行內部整合，迄今在經濟整合方面的成效最為顯著，並有效帶動東協國家的經貿及投資成長，因而東南亞各國合作始於對國家安全的需求，並逐步聚焦於經濟整合工作。

　　其次，在聯合國的全球治理框架下，南南合作（SSC）和所謂的三方合作（Triangular Cooperation, TrC）指的是已開發國家、國際組織和公民社會透過與開發中國家的合作計畫，使這些國家在獲得專業知識及技術後，藉由建立資源交換及經驗分享的互惠平臺，與其他開發中國家進行交流，各方共同形成互助型的夥伴關係，擺脫傳統南北發展中已開發國家對開發中國家單向援助的模式[23]，最重要的是，南方國家在此合作框架下將逐漸由資源接收者發展出資源輸出的能力。舉例而言，根據東協國家的整合經驗，隨著一國經濟環境的改善，其所擬定計畫的完整性越高，對其他參與計畫的開發中國家越能帶來正面影響，而這種由資源輸入者到資源輸出者的轉型大致可分為四個階段，即是由最初使單方接受資源的孵化階段（incubation）、具國家發展計畫的轉型階段（transition）、已具計畫執行成效的新興援助國階段（emerging-donor-status），至成為主要援助國（major

---

23 U.N.Economic and Social Commission for Asia and the Pacific (2018), *South-South Cooperation in Asia and the Pacific – A brief overview*, ESCAP SSC Paper, Vol.4, https://www.unescap.org/sites/default/files/SSC_Paper_v04_20180621_FINAL_formatted.pdf

donor）的過程[24]，且無論是區域內部或區域間，其整合程度越高將加速南南合作的發展進程，而南方國家互相合作的成果更能進一步推動其與區域外夥伴進行經貿整合[25]。

以東協而言，儘管區域內成員存在經濟發展落差，但透過消除貿易障礙、協助微中小企業發展等策略來提升小型經濟體的競爭力，2015 年東協經濟共同體（AEC）的成立即為東南亞區域整合的階段性成果。其中，較大型的經濟體如新加坡、馬來西亞、菲律賓、印尼等國家已在區域內扮演資源輸出者的角色。

非洲方面，AfCFTA 協定則是非洲聯盟（AU）為改善非洲整體環境、達到永續發展目標，於「非洲聯盟 2063 年議程」（African Agenda 2063）中所提出 15 大旗艦計畫中的其中一環，主要藉由提升非洲內部貿易，進一步強化非洲國家在全球經濟體系中的地位，並且在促進非洲國家經貿交流的同時增進社會的和平穩定。不過，由於整合工作起步較晚，且 AfCFTA 成員國數量龐大，各國間存在更複雜的發展落差，另外即便非洲內部有豐富的區域經濟整合經驗，但經貿活動主要發生在各區域組織內，各經濟區塊的經貿往來十分貧乏，加上不同區域整合之間利益衝突，皆為現階段非洲大陸整合的主要瓶頸。故此，以長期來看，AfCFTA 的啟動只是非洲區域經濟整合的第一步，相較於東協經驗，非洲區域經濟整合要取得重大成果，研判將面臨較高的調和成本及冗長的整合過程。

24 Dennis D. Trinidad (2014), *South-South Cooperation in Southeasr Asia and the Role of Japan*, Institute of Developing Economies, Japan External Trade Organization Visiting Research Fellow Monograph Series, No. 489.

25 Silvia Lopez Cabana (2014), Chronology and History of South-South Cooperation, Ibero–American Programme Working Document, https://cooperacionsursur.org/wp-content/uploads/2020/05/18-DT05-Chrono-South-South2014.pdf.

參、非洲區域經濟整合對我國之影響

　　本部分研究主要分析非洲區域經濟整合對我國經濟之可能影響。一般而言，區域經濟整合對成員國與非成員國所產生之經濟影響可分成貿易與投資兩個面向討論，前者著重於探討貿易流向因為區域經貿協定改變對於國家整體經濟福利變化產生之效果，而後者主要觀察區域經貿協定生效前後成員國之間及成員與非成員之間投資行為之轉變。

一、貿易面之影響：貿易創造與貿易移轉

　　以貿易而言，區域經濟整合會產生兩種效果，包括貿易創造（trade creation）與貿易移轉（trade diversion）。貿易創造所代表的是經貿協定生效後，因為區域內成員國之間的關稅障礙大幅降低，使得本國原本生產成本高的商品轉而被相對具生產優勢成員國的商品所取代並向其進口，成員國之間的貿易因而被「創造」出來，形成協定成員國的價格較低之進口商品替代本國商品之現象。另一方面，區域經濟整合過程中，貿易障礙的降低也可能導致本國對生產較具效率的非成員國商品進口減少，轉向成員國進口，產生貿易方向發生「移轉」的現象，貿易移轉也是區域經貿協定對非成員國產生衝擊的原因。由於貿易移轉現象係透過經貿協定之約束，讓原來本國自具有相對生產效率的非成員國轉向成員國進口，因此本國消費該產品的社會成本將增加，導致福利損失。因此，對整體福利之效果而言，當貿易創造效果大於貿易移轉，社會福利在區域經貿協定生效後將會增加；反之，對整體社會服務則是有負向影響。

　　無論是貿易移轉或貿易創造效果，都會造成區域內貿易更加集中，因此可透過觀察區域內貿易變化程度當作區域經貿協議生效後對於非成員國

是否造成負面影響之概括性指標。惟須注意的是，區域內貿易集中可能導因於貿易創造或貿易移轉，而只有貿易移轉才是造成非成員國負面影響的原因，因此觀察區域內貿易集中程度與趨勢變化僅能當作區域經貿協議生效對非成員影響之概略參考。對此，世界貿易組織（World Trade Organization, WTO）曾利用出口集中比率（export concentration ration）觀察不同區域經貿協議生效後區域內貿易集中情形之變化，其中出口集中比率被定義為區域內出口比重與該區域占世界總出口比重之比率，若出口集中比率數值大於（小於）1，表示在給定該區域在世界出口中的重要性下，區域內貿易流量大於（小於）預期。

本研究利用國際貿易中心（International Trade Centre, ITC）公布之統計資料，計算並彙整 2001 年至 2020 年（全部資料可得期間）非洲不同區域經貿協定下區域內貿易集中度之趨勢。如表 1 所示（因篇幅限制，僅呈現偶數年結果），結果顯示近二十年非洲內部各區域經貿協議生效後區域內貿易在給定該區域在世界出口中的重要性下，各區域內貿易流量雖然皆遠大於預期，不過整體而言自 2001 年以來大多非洲區域經貿協定並未隨著時間推進而有更加集中於區域內的趨勢，例如中非經濟共同體（ECCAS）區域內貿易在 2001 年至 2020 年期間區域內貿易集中程度呈現下降趨勢。此外，非洲大陸整體區域內出口集中比率數值在過去二十年中維持在 4-9 區間內，整體區域內出口集中程度沒有逐年增加情形。

針對非洲區域經貿協定對於區域內貿易促進效果有限之原因，可能在於開發中國家區域貿易協定內對於許多敏感部門仍有關稅保護，加上嚴格之原產地規則的執行，導致區域經貿協議功能受挫。此外，Candau et al. (2019) 蒐集 1955-2014 年的長期貿易資料，利用國際貿易領域中常使用的引力模型（gravity model）概念估計非洲區域經貿協定對於區域內貿易之影響，其研究結果顯示在 1990-2014 年之間區域經貿協議對於非洲貿易並

表1：各非洲經貿協定區域內出口集中比率趨勢

協定名稱	協定英文及簡稱	2002	2004	2006	2008	2010	2012	2014	2016	2018	2020	協定生效年分
非洲、加勒比和太平洋國家集團	Africa, Caribbean, and Pacific Countries (ACP)	11.45	12.67	9.02	9.46	8.78	8.31	8.22	9.07	7.75	5.22	1975 年
東南非共同市場	Common Market for Eastern & Southern Africa (COMESA)	20.39	23.19	31.24	8.41	9.51	18.05	17.44	8.04	7.22	10.75	1994 年
中非關稅及經濟聯盟	Central African Customs and Economic Union (UDEAC)	44.95	45.33	24.50	21.17	39.21	35.50	28.82	50.32	49.73	32.26	1964 年
東非共同體	Central African Customs and Economic Union (EAC)	220.00	232.23	134.92	129.18	119.33	100.32	89.32	92.86	99.52	81.77	2000 年

協定中文名稱	協定英文及簡稱	2002	2004	2006	2008	2010	2012	2014	2016	2018	2020	協定生效年分
中非經濟共同體	Economic Community of Central African States (ECCAS)	68.60	47.90	43.65	16.67	41.38	22.51	25.88	23.43	18.24	10.37	1985年
西非經濟共同體	Economic Community of West African States (ECOWAS)	43.70	181.95	27.26	26.14	11.93	16.01	17.62	25.83	17.94	12.01	1975年
南部非洲關稅同盟	Southern African Customs Union (SACU)	6.47	6.45	4.21	6.49	23.77	20.94	24.64	27.51	22.84	23.94	1969年
南部非洲發展共同體	Southern African Development Community (SADC)	26.24	19.57	19.50	22.73	18.85	17.77	19.29	27.39	27.05	43.53	1992年
西非經濟貨幣聯盟	West African Economic and Monetary Union (WAEMU)	106.58	116.37	126.75	102.25	73.06	88.06	100.97	89.83	86.58	58.77	1994年
非洲整體	—	7.80	8.40	6.25	4.88	5.03	5.54	5.67	6.43	5.99	5.75	—

資料來源：本研究整理自 International Trade Centre (ITC)。

無顯著之促進效果，其解釋諸如西非經濟共同體、東南非共同市場、西非經濟貨幣聯盟、東非共同體與南部非洲發展共同體在內之區域協定，在關於資本流動、競爭和環境政策之規定涵蓋了對貿易有害的隱性保護，因此限制了區域協定原本應有的區域內貿易促進效果。

　　除了觀察區域內貿易集中程度，過去也有一些文獻針對非洲區域經濟整合產生之貿易移轉效果（或對區域外成員國影響）進行評估，但研究成果並不多。早期研究如 Musila（2005）以東南非共同市場、中非經濟共同體與西非經濟共同體為研究對象，利用引力模型估算 1991 年至 1998 年此三大非洲區域經貿協定產生之區貿移轉效果，結果顯示前述三個非洲區域經貿協定在研究期間內產生的貿易移轉效果微弱，故由此可推斷對於區域外成員之排擠效果也相對較為和緩。此外，Salisu（2012）特別針對 1995 年至 2010 年西非經濟貨幣聯盟成立對於區域內成員間與成員外貿易進行探究，其研究計量模型之估計結果顯示，相較於協定生效前，西非經濟貨幣聯盟成立後區域整體貿易量顯著下降，區域內貿易與自區域外貿易夥伴之進口金額在該研究期間亦有顯著下滑情況，顯示該協定整體而言具有貿易移轉現象。近期研究如 Deme and Ndrainacy（2017）則是利用固定效果模型（fixed effect model）控制不可觀察到的國家別特徵，避免估計係數具有偏誤之情況，並藉此評估西非經濟共同體產生之貿易移轉效果，其發現整體而言西非經濟共同體貿易移轉現象並未達統計之顯著，甚至對於部分第三國（特別是低所得國家）之進口有顯著增加，進而產生福利改善（welfare-improving）效果現象。

二、投資面之影響：投資創造與投資移轉

　　除了貿易之外，以投資角度來說，投資創造與投資移轉為 AfCFTA 區

域經貿協議生效後對我國可能產生的經濟影響。進一步言之，投資創造就是區域協定生效後，成員之間的關稅壁壘降低後，本國廠商會選擇生產成本較低的成員國進行投資設廠，並生產較為便宜之商品回銷國內，或者銷往當地市場及其他協定成員國，新的投資因而被創造出來。投資移轉則是指區域協定生效後，產品在區域內流通享有關稅優惠待遇，造成非成員國所生產之商品銷往區域內時喪失競爭力，從而使得非成員國轉向區域內成員國進行投資，以取得區域協定生效後之市場商機。換言之，投資移轉讓原本生產具有效率的非成員國，因為區域經濟協定的生效而使其轉向區域內較不具生產效率之成員國進行投資生產，對整體福利而言有負向影響。值得一提的是，過去針對區域經濟整合所產生之投資創造與移轉效果已累積一些研究成果（如 Bengoa et al. 2020; Ekholm et al. 2007; Jaumotte 2006; Motta and Norman 1996; Worth 1998; Park and Park 2008; Waldkirch 2010; Uttama 2021），但就本研究所知，目前尚無特別以非洲區域經濟整合為對象進行探究之研究文獻。

三、非洲區域經濟整合對臺灣經濟之可能影響

由於地理位置與政治因素的限制，在非洲大陸經濟整合過程中，臺灣難以融入成為其中成員，因此就臺灣加入非洲區域經濟整合因而產生貿易與投資創造效果可能性不大；反而，臺灣倘被排除在外，則可能面臨貿易與投資移轉之負面影響，值得進一步探討。相較於過去研究使用複雜經濟模型估算區域經濟整合之影響效果，本研究以下擬由觀察臺灣與非洲大陸雙邊貿易與投資關係，針對非洲區域經濟整合對臺灣之影響作初步推論，惟確切影響效果仍須透過嚴謹經濟模型之建構方能加以評估。

表 2 為近十年（2010-2020 年）我國與非洲進出口貿易概況。在出口

方面，除少數年分超出範圍一點，我國出口至非洲整體金額大致維持在
20～30億美元左右，占我國整體出口金額比重最高不超過1.10%。至於
進口，我國自非洲進口金額自2011年之後便持續下滑，由106.03億美元
降至2019年的15.47億美元，占我國同期總進口比重從3.76%降至0.54%，
原因在於我國從非洲大陸進口產品主要為能礦類產品，而這類產品我國轉
向阿拉伯與澳大利亞等國進口，進而排擠對非洲大陸之進口所致。

表2：2010-2020年我國與非洲進出口貿易概況

單位：百萬美元；百分比（%）

年別	臺灣出口全球金額	臺灣出口非洲金額	臺灣出口非洲占出口全球金額比重	臺灣自全球進口金額	臺灣自非洲進口金額	臺灣自非洲進口占自全球進口金額比重
2010	274,563,932	2,226,001	0.81	252,079,969	7,174,828	2.85
2011	307,585,242	2,933,385	0.95	281,809,545	10,603,186	3.76
2012	300,887,781	3,094,591	1.03	271,518,081	9,499,346	3.5
2013	304,571,708	3,351,326	1.1	270,128,149	8,238,127	3.05
2014	313,159,754	2,788,171	0.89	273,647,330	7,303,737	2.67
2015	279,943,715	2,337,108	0.83	228,407,580	3,257,652	1.43
2016	279,020,548	1,909,118	0.68	229,052,733	3,038,207	1.33
2017	315,734,179	1,864,912	0.59	257,510,859	3,748,562	1.46
2018	334,244,241	2,098,905	0.63	285,050,277	2,546,528	0.89
2019	329,512,433	2,114,100	0.64	285,906,281	1,546,825	0.54
2020	346,633,936	1,706,166	0.49	287,171,262	2,234,354	0.78

資料來源：本研究整理自 International Trade Centre (ITC)。

　　以雙邊投資互動觀察，根據經濟部投審會資料顯示，我國對非洲相互
投資紀錄均始於1973年。在我國對非投資方面，歷年投資金額均不超過
一億美元，惟2020年臺灣投資非洲1億9,241萬美元，創下歷史最高紀錄，
但占當年度我對外投資金額比重只有1.63%。以過去十年（2011～2020年）

累計之投資金額觀察，此期間臺灣對非洲投資額共累計 5.86 億美元，占同期間累計對外投資比重僅有 0.64%[26]。另一方面，過去十年非洲來臺投資金額皆在三億美元以下，占外來投資金額比重不到 5%，過去十年期間對我國投資累計達 17.10 億美元，占同期間僑外來臺累計投資比重 2.24%[27]（表 3）。

　　由以上可知，臺灣與非洲大陸之間的貿易關係相較之下並不緊密，故而在與我國貿易往來的流量原本就較小的情況下，非洲區域協定生效後對我國所產生的貿易移轉衝擊也就越小[28]。此外，面對國際市場競爭壓力，區域經貿協定生效後，非成員國產品在與成員國產品為同質（homogeneous）的情況下，出口到區域內價格必須調降作為因應，導致貿易條件（terms of trade）惡化；反之，成員國貿易條件獲得改善，惟區域經貿協定規模倘不大，則對區域外非成員國之影響也就相對有限（詹滿容 2003），故由此可研判過去非洲區域經濟整合規模相對而言較為分散且規模較小，對我國產生之貿易移轉效果也隨之有限。

　　相同地，由投資移轉的角度而言，從我國過去並不是非洲大陸重點投資布局對象，且非洲市場過去亦非臺灣出口重點地區，可推論即便非洲各區域協定生效對我國產品造成歧視，企業因此將投資移轉到非洲地區的比例研判應該不高，故而非洲區域經濟整合之投資移轉效果對臺灣整體福利之衝擊幅度應當不大。倘其他條件不變，我國實毋須過於擔憂非洲大陸區域經濟整合對我國會產生巨大影響。

---

26 此處所指僑外來臺投資，並不包含陸資來臺。若僑外來臺投資包含陸資來臺，因我國於 2009 年始開放陸資來臺，故 1989 年非洲對我投資占比不變，十年期間非洲對我投資占比降為 2.17%。

27 此處所指僑外來臺投資，並不包含陸資來臺。若僑外來臺投資包含陸資來臺，因我國於 2009 年始開放陸資來臺，故 1989 年非洲對我投資占比不變，十年期間非洲對我投資占比降為 2.17%。

28 與區域外（非會員）的國家貿易較小，區域協定締約後所可能產生的貿易轉移效果越小，對非成員衝擊也會越小（詹滿容，2003）。

表 3：近十年我國對外投資和外來投資概況

單位：百萬美元；百分比（%）

年別	對中國投資	對外投資金額								對外投資比重					
		亞洲	北美	歐洲	中南美洲	大洋洲	非洲	合計		亞洲	北美	歐洲	中南美洲	大洋洲	非洲
2011	14,377	1,724	732	39	1,049	122	31	3,697		46.63	19.80	1.06	28.37	3.30	0.83
2012	12,792	7,152	158	71	311	370	37	8,099		88.31	1.95	0.88	3.84	4.57	0.45
2013	9,190	2,895	417	169	403	1,333	17	5,232		55.32	7.96	3.23	7.70	25.47	0.32
2014	10,277	2,482	290	936	3,136	395	55	7,294		34.03	3.98	12.84	43.00	5.41	0.75
2015	10,965	4,661	363	2,697	3,091	71	48	10,931		42.64	3.33	24.68	28.28	0.65	0.44
2016	9,671	7,488	377	1,137	2,898	160	63	12,123		61.77	3.11	9.38	23.90	1.32	0.52
2017	9,249	3,569	851	233	6,100	781	40	11,573		30.84	7.35	2.01	52.71	6.74	0.35
2018	8,498	3,649	2,045	1,287	6,590	644	79	14,295		25.53	14.31	9.01	46.10	4.51	0.55
2019	4,173	3,214	567	767	1,539	739	25	6,851		46.92	8.27	11.20	22.47	10.78	0.37
2020	5,906	4,177	4,273	1,568	1,171	423	192	11,805		35.39	36.20	13.28	9.92	3.58	1.63
2011~2020	95,098	41,011	10,073	8,905	26,287	5,037	586	91,900		44.63	10.96	9.69	28.60	5.48	0.64
1952~2020	192,419	60,904	22,723	11,668	54,348	6,786	1,068	157,497		38.67	14.43	7.41	34.51	4.31	0.68

年別	中國來臺投資	外來投資金額								外來投資比重					
		亞洲	北美	歐洲	中南美洲	大洋洲	非洲	合計		亞洲	北美	歐洲	中南美洲	大洋洲	非洲
2011	52	1,848	751	716	1,249	347	44	4,955		37.30	15.15	14.46	25.21	7.00	0.88
2012	332	1,151	417	1,722	1,503	688	78	5,559		20.70	7.50	30.97	27.04	12.38	1.40
2013	349	1,199	643	687	1,625	695	84	4,933		24.31	13.03	13.92	32.94	14.09	1.71
2014	335	1,775	162	1,478	1,667	563	125	5,770		30.77	2.81	25.61	28.89	9.76	2.16
2015	244	1,198	146	1,026	1,658	531	239	4,797		24.97	3.04	21.38	34.56	11.06	4.98
2016	248	1,204	167	7,269	1,749	363	285	11,037		10.91	1.52	65.86	15.85	3.29	2.58
2017	266	1,188	471	3,397	1,830	442	185	7,513		15.82	6.27	45.21	24.36	5.88	2.46
2018	231	2,199	307	6,767	1,563	472	131	11,440		19.22	2.69	59.15	13.66	4.12	1.15
2019	97	2,343	376	3,863	3,253	1,097	263	11,196		20.93	3.36	34.51	29.06	9.80	2.35
2020	126	1,855	279	4,274	2,041	419	276	9,144		20.28	3.05	46.74	22.32	4.58	3.02
2011~2020	2,279	15,961	3,719	31,199	18,139	5,616	1,710	76,346		20.91	4.87	40.87	23.76	7.36	2.24
1952~2020	2,411	48,674	25,793	60,727	40,288	8,838	2,955	187,275		25.99	13.77	32.43	21.51	4.72	1.58

資料來源：本研究整理自經濟部投審會。

肆、非洲區域經濟整合區域下我國之因應策略

著眼於非洲目前經濟發展階段，投資較具潛力者以製造業為主（Signé, 2018），故此部分研究所探討之對象將鎖定在製造業部門，探討非洲區域經濟整合區域下我國之因應策略。

一、臺商之策略：透過投資非洲方式享有 AfCFTA 區域內貿易商機

以製造業而言，在第一階段 AfCFTA 經貿協議中，貨品市場與貿易便捷化為我國參與非洲市場之重點所在，但我國並非 AfCFTA 成員，故在現階段無法直接享有此經貿協定對成員國所帶來之貨品關稅與貿易便捷化等優惠措施。在此情況下，透過投資 AfCFTA 協定成員國，並將其視為產品之生產基地或據點，再拓銷至其他非洲國家，藉此享有經貿協定帶來之關稅優惠，為我國參與非洲內貨品貿易市場之可行方式，本研究亦將此當作 AfCFTA 生效後我國進軍非洲市場之重要概念。事實上，就理論文獻來看，區域經貿協定生效後可能產生三種主要的投資效果：（1）因為區域中成員國彼此關稅減免或市場開放而產生的內部投資效果（也就是傳統投資創造效果）；（2）區域成員國與非成員國之間所產生的投資移轉效果；（3）協定成員國因規模經濟及市場擴張所產生的投資創造效果（楊書菲 2013，128）[29]，而此部分研究乃是以第三種效果作為我國廠商透過 AfCFTA 協定參與非洲市場之基礎。

目前，非洲區域內貿易占其總貿易比重僅有 16%，相對於亞洲的 58%，歐盟的 67%，以及北美洲的 31% 來說還有相當大的成長空間。對此，

---

[29] 楊書菲（2013），《投資趨勢分析與研究—全球對外直接投資趨勢研究及經濟情勢變遷對直接投資之影響》，經濟部投資審議委員會研究計畫。

近期許多研究認為非洲內貿易在第一階段 AfCFTA 經貿協議生效後會有明顯地增長（Stuart 2017; Saygili et al. 2018; Mevel and Karingi 2012; Abrego et al. 2019）；亦即是，AfCFTA 消除了區域內絕大多數商品的關稅，協定內容亦降低阻礙區域內貿易的非關稅壁壘，為貨品自由流動於非洲大陸單一市場提供了良好的基礎。舉例而言，Saygili et al.（2018）評估在關稅完全消除情況下，非洲內貿易可能增加 168 億美元（較基期增加 32.8 個百分點），倘排除關稅收入最多之部門（即敏感部門），則非洲內貿易增加幅度將縮減為 124 億美元（較基期增加 24.2 個百分點）。Mevel and Karingi（2012）[30] 的研究則是指出 AfCFTA 生效若欲促進非洲內貿易，關稅壁壘固然有其重要性，但倘能搭配非關稅壁壘的削減（如減少海關手續和港口處理的時間），則非洲內貿易之成長動能可望進一步提升。

基於 AfCFTA 生效後對於非洲內貿易（intra-Africa trade）有促進之效果，本研究利用國際貿易中心（International Trade Centre, ITC）所提出的出口潛能分析法與資料庫，評估非洲內貿易可能存在但尚未被開發的貿易潛能。非洲輸出入銀行（African Export-Import Bank）在其發布的《2019 非洲貿易報告》中亦使用 ITC 出口潛能分析方法評估 AfCFTA 生效後不同產業在非洲內貿易可能產生的拓銷空間 [31]，衡量一區域／國家之特定產業／產品出口至目標市場還有多少空間尚未發揮（Decreux and Spies 2016）[32]。以本研究而言，倘非洲某產業在其內部貿易仍具有很大的拓銷空間，表示在 AfCFTA 生效後，由於關稅與非關稅障礙的降低，其中所蘊

---

30 Mevel, S. and S. Karingi (2012), "Deepening Regional Integration in Africa: A Computable General Equilibrium Assessment of the Establishment of a Continental Free Trade Area followed by a Continental Customs Union," Selected paper for Presentation at the 7th African Economic Conference Kigali, Rwanda, 30 October - 2 November, 2012.

31 *African Trade Report 2019*, pp. 104-110. African Export-Import Bank.

32 Decreux, Y. and J. Spies (2016), "Export Potential Assessments: A methodology to identify export opportunities for developing countries," https://umbraco.exportpotential.intracen.org/media/1089/epa-methodology_141216.pdf.

藏的商機也可能較大。然而，必須注意的是，上述非洲輸出入銀行所使用的方法論，僅是評估非洲內貿易究竟蘊含多少尚未被開發的潛能總量，其無法確切衡量 AfCFTA 生效後其中有多少潛能能夠被釋放，故在解釋上要特別留意。

本研究利用 ITC 的出口潛能指標（EPI）[33]，彙整出整體非洲內貿易尚具出口拓銷空間的前十大產業包括：**能礦**（此產業實際非洲內貿易金額約 20 億美元，未開發空間估計還有 29 億美元）、**食品**（此產業實際非洲內貿易金額約 20 億美元，未開發空間估計還有 17 億美元）、**魚和貝類**（此產業實際非洲內貿易金額約 12 億美元，未開發空間估計還有 15 億美元）、**機械**（此產業實際非洲內貿易金額約 40 億美元，未開發空間估計還有 15 億美元）、**美容產品與香料**（此產業實際非洲內貿易金額約 20 億美元，未開發空間估計還有 13 億美元）、**肥料**（此產業實際非洲內貿易金額約 12 億美元，未開發空間估計還有 13 億美元）、**糖**（此產業實際非洲內貿易金額約 9.35 億美元，未開發空間估計還有 11 億美元）、**汽車及其零件**（此產業實際非洲內貿易金額約 25 億美元，未開發空間估計還有 11 億美元）、**塑膠及橡膠**（此產業實際非洲內貿易金額約 25 億美元，未開發空間估計還有 11 億美元）、**化學品**（此產業實際非洲內貿易金額約 23 億美元，未開發空間估計還有 9.84 億美元），這些產品仍具出口拓銷空間，值得我商評估是否赴非洲進行相關投資布局以獲取當中利益（圖 1）。

除了上述非洲輸出入銀行之 ITC 出口潛能分析方法，過去亦有文獻使用一般均衡模型概念估算 AfCFTA 生效後不同部門／產業非洲內貿易之擴張效果。以部門別而言，AfCFTA 生效後非洲內貿易的增加在工業部門最為明顯（Abrego et al., 2019），為非洲大陸透過貿易實現工業化的重要契

---

33 ITC Export Potential Map, https://exportpotential.intracen.org/en/.

圖 1：非洲內貿易尚具出口拓銷空間之前 10 大產業

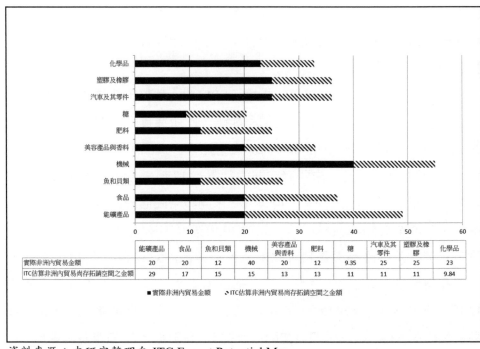

資料來源：本研究整理自 ITC Export Potential Map。

機。聯合國非洲經濟委員會（UN Economic Commission of Africa）曾利用一般均衡模型估計 AfCFTA 生效受益於非洲內貿易擴張較大之部門包括：紡織、服裝、皮革、木材及造紙、車輛和運輸設備、電子產品，以及金屬；另一方面，糖、蔬菜、水果、堅果、飲料、煙草、肉與奶製品將在農業部門有較大的成長[34]。

　　總結而言，在 AfCFTA 生效後，由於規模經濟及龐大市場商機緣故，臺商可透過投資方式享有區域內之關稅優惠，但必須強調的是臺商將投資帶往國外對經濟發展未必是一件好事。因此，在臺商利用投資方式參與非

---

[34] United Nations, Economic Commission for Africa (2018). *An Empirical Assessment of the African Continental Free Trade Area Modalities on Goods*, Addis Ababa.

洲及其他各區域協定之時，臺灣也必須思考本身定位所在，以下將提出幾點臺灣本身可能的因應作為。

二、臺灣之因應策略：強化關鍵中間財研發與生產優勢

在全球化時代，人員與資金可以自由地流動，因此對於臺商而言，可利用對外投資方式參與非洲與其他各地區之經濟整合，這也是臺商在我國難以加入區域經濟整合或難以對外洽簽自由貿易協定情況下可能之因應策略。不過，縱然臺商可利用對外投資方式參與區域經濟協定，但對於臺灣而言，若對外投資無法與國內經濟有所連結，對臺灣本身經濟發展助益不大，更甚者可能招致產業外移或空洞化之疑慮。因此，在此必須思考的是，在臺商以投資方式參與非洲大陸經濟整合時，臺灣本身應當何去何從，又該有何種策略來因應。

在全球化時代，商品本身的複雜性越來越高，中間財與半成品的貿易也日趨盛行。由此點出發，AfCFTA 生效後，在臺商赴非投資享有關稅利益時，臺灣應該思考的是如何在全球供應鏈中維持要角，其中發展關鍵中間財及相關技術便為重心所在。梁郁雯（1999）[35] 理論模型發現當國際貿易只有最終財時，區域整合後市場規模倘大於非會員國時，會有直接投資移轉的現象產生，對非成員國有不利影響；不過，在加入中間財貿易行為後，區域經濟整合反而可能使廠商增加對非會員國的中間財投資，產生投資創造效果，由此便可突顯確保中間財研發與生產優勢為臺灣本身難以融入區域經濟整合之重要因應。舉例而言，臺灣在半導體生產技術領先全球，在此一優勢下，相關產品（手機、筆電或資通訊產品）生產板塊無論如何變動，或者面對區域經濟整合浪潮，我國都將保有不可被取代性，甚至有

---

35 梁郁雯（1999），《區域整合對非會員國直接投資的影響》，清華大學經濟學系碩士論文。

受益於投資創造（以半導體生產技術研發為主之投資）效果之可能性，而臺灣在面對區域經濟整合浪潮時就必須尋找像半導體般之關鍵中間財投入研發及生產，才能避免被邊緣化之危機。

　　承上所述，強化關鍵中間財研發與生產優勢為我國面臨區域經濟整合趨勢下產生投資創造效果，吸引區域內廠商增加非會員國的投資，進而提升整體經濟福利之重要方式。基此，透過創造友善的投資環境、鬆綁外資及海外人才來臺之限制、提升國內基礎建設及人力資源、完善及落實國內相關投資法令，以及強化政府行政效能等作法，倘臺灣在投資體制上推動進一步自由化，將可穩固現有中間財生產優勢，並開發下一世代產業所需之關鍵中間財，有助於我國在難以加入區域經濟整合之情形下提升整體福利。對此，童振源（2009）在其研究中指出，在全球各個區域經濟整合形成過程中，投資移轉對非會員國的臺灣而言會產生衝擊，但我國若推行單邊投資自由化，則可促進我國吸引國際投資，有助於發揮投資創造效果，而非投資移轉效果，對臺灣提升整體經濟福利有正向幫助，此也與本研究之觀點相互呼應[36]。

伍、結語

　　非洲區域經濟整合已有相當悠久的歷史，1960年代開始便陸續有區域經濟組織成立，至今發展已逾半世紀，而近來 AfCFTA 生效後，嘗試將目前非洲各國形塑成一個巨大單一市場，其背後蘊藏商機也成為各國之關注焦點。不過，即便 AfCFTA 已成為全球規模最大的自由貿易區，但以南南整合而言，相較於東協 AfCFTA 整合時程較晚，加上過去非洲經貿活動主

---

36 童振源（2009），「臺灣對外經濟戰略之檢討與建議」，《研習論壇月刊》，第98期，頁15-23。

要發生在各區域組織內，各經濟區塊的經貿往來十分貧乏，為現階段非洲大陸整合的主要瓶頸。因此，研判 AfCFTA 協定要取得如東協國家之成功經驗，可能還有許多努力的空間。

　　針對非洲大陸區域經濟整合對臺灣之影響，本研究主要聚焦於貿易移轉效果造成之衝擊。首先，利用區域集中度指標觀察，本研究發現大多非洲區域經貿協定並未隨著時間推進而有更加集中於區域內的趨勢，且非洲整體區域內出口集中程度過去 20 年沒有增加趨勢，因此過去以來非洲區域經貿協定的成形，似為使該地區區域內貿易有更為集中之情形，對於區域外成員之排擠效果可能有限。再者，在非洲大陸經濟整合過程中，由於我國與非洲彼此投資與貿易比重相當低，即使對於我國出口非洲產品有貿易移轉情況產生，對於整體臺灣經濟影響應該有限，但對於個別以經營非洲市場少數業者而言，影響可能相對有感。

　　此外，本研究認為 AfCFTA 生效後，相較於衝擊面，本研究認為我國應將目光放在其產生之可能效益上。對此，區域內貿易將因為關稅與非關稅障礙的降低而有所提升，我國之因應可分成臺商與臺灣兩個面向來探討。以臺商而言，AfCFTA 生效後，由於臺灣非協定成員，我國無法適用成員之間的協定優惠，但在全球化時代下，臺商仍可透過投資方式在非洲當地選一個國家，設立生產據點，再把產品輻射到其他非洲國家，享受關稅、貿易便捷化措施的優惠。惟須注意的是，對於臺灣而言，臺商將投資帶往國外，與臺灣失去連結，則對臺灣本身經濟發展未必是一件好事。有鑑於此，本研究認為臺灣可能的因應策略在於強化關鍵中間財研發與生產優勢，增加我國在全球供應鏈中的不可取代性，進而促使區域內成員提升對我國之投資，同時輔以單邊自由化（如投資體制自由化），降低我國投資障礙，此將有助於產生投資創造效果並提升我國整體經濟福利，此也是 AfCFTA 生效後，臺商與臺灣兩者達到雙贏局面之可能方式。

參考文獻

一、中文文獻

梁郁雯（1999），《區域整合對非會員國直接投資的影響》，清華大學經濟學系碩士論文。

童振源（2009），〈臺灣對外經濟戰略之檢討與建議〉，《研習論壇月刊》，第98 期，頁 15-23。

詹滿容（2003），《我國因應中共與東協建立自由貿易區之研究》，臺灣經濟研究院研究報告。

二、英文文獻

Addis Ababa University Insitute for Peace and Security Studies. 2020. TANA Forum Papers 2020, Tana Forum Secretariat, https://media.africaportal.org/documents/Tana-Papaers-2020_.pdf#page=50.

African Development Bank. 2020. "Despite COVID-19 pandemic, Africa still a prime investment destination, participants affirm at AfDB webinar for Asian audiences." https://www.afdb.org/en/news-and-events/press-releases/despite-covid-19-pandemic-africa-still-prime-investment-destination-participants-affirm-afdb-webinar-asian-audiences-37836 (March 15, 2021).

African Union, African Development Bank, and Economic Commission for Africa（2019）, Africa Regional Integration Index Report 2019, https://www.integrate-africa.org/fileadmin/uploads/afdb/Documents/ARII-Report2019-FIN-R40-11jun20.pdf.

African Union. 2021. African Business Council Applauds the Start of Trading on the Basis of the AfCFTA. https://au.int/en/pressreleases/20210104/african-business-council-applauds-start-trading-basis-afcfta.

Apiko, Philomena, Woolfrey, Sean and Byiers, Bruce. 2020. The promise of the African Continental Free Trade Area (AfCFTA), ecdpm, https://ecdpm.org/wp-content/uploads/Promise-African-Continental-Free-Trade-Area-AfCFTA-ECDPM-Discussion-Paper-287-December-2020.pdf?fbclid=IwAR1VuGq62pdLCfWQDQYfqHdvmqQdQ209B1PDHMJGmBs9jiLTz2bij3t4qzM.

Bayale, N., Ibrahim, M., & Atta-Mensah, J. 2020. "Potential trade, welfare and revenue implications of the African Continental Free Trade Area (AfCFTA) for Ghana: An application of partial equilibrium model." Journal of Public Affairs, e2385.

Beata Javorcik. 2020. "Global supply chains will not be the same in the post-COVID-19 world." In Richard E. Baldwin and Simon J. Evenett, eds., COVID-19 and Trade Policy: Why Turning Inward Won't Work, pp. 111-116. London, UK: Centre for Economic Policy Research (CEPR) Press.

Byiers, Bruce and Miyandazi, Luckystar. 2021 Balancing Power and Consensus: Opportunities and Challenges for Increased African Integration, Istituto Affari Internazionali, https://www.iai.it/sites/default/files/iaip2109.pdf?fbclid=IwAR2l4mLpbE7pt8Qt2O3yXjyRyIFRt3RX3yiZlzNSc2eCwdEL8LeWsES8USY.

Chaytor, B. 2020. "Unlocking and Scaling Innovation, Enterprise and Growth through

Clayton Vhumbunu, Hazvinei and Joseph Rudigi, Rukema. 2020. Facilitating Regional Integration through Free Movement of People in Africa: Progress, Challenges and Prospects, Journal of African Union Studies, Vol. 9, https://ukzn-dspace.ukzn.ac.za/bitstream/handle/10413/19256/Rukema_Rudigi_Joseph_2020.pdf?sequence=1&isAllowed=y.

D. Trinidad, Dennis. 2014. South-South Cooperation in Southeasr Asia and the Role of Japan, Institute of Developing Economies, Japan External Trade Organization

Visiting Research Fellow Monograph Series, No. 489.

Daniel F. Runde and Sundar R. Ramanujam. 2020. "ecovery with Resilience: Diversifying Supply Chains to Reduce Risk in the Global Economy." Center for Strategic and International Studies (CSIS) Report, https://csis-website-prod. s3.amazonaws.com/s3fs-public/publication/200904_Ramanujam_GlobalSupply_ v4.pdf (March 12, 2021).

Decreux, Y. and J. Spies. 2016. "Export Potential Assessments: A methodology to identify export opportunities for developing countries," https://umbraco. exportpotential.intracen.org/media/1089/epa-methodology_141216.pdf.

Fofack, H. 2020. "Making the AfCFTA work for 'The Africa We Want'." Working Paper, Africa Growth Initiative at Brookings.

International Monetary Fund. 2019. Regional Economic Outlook, April 2019, Sub-Saharan Africa: Recovery Amid Elevated Uncertainty, https://www.elibrary. imf.org/view/IMF086/25761-9781484396865/25761-9781484396865/ch03. xml?lang=en&redirect=true.

Lisandro Abrego; Maria Alejandra Amado; Tunc Gursoy; Garth P. Nicholls; Hector Perez-Saiz. 2019. "The African Continental Free Trade Agreement: Welfare Gains Estimates from a General Equilibrium Model." IMF Working Paper, WP/19/124.

Lopez Cabana, Silvia. 2014. Chronology and History of South-South Cooperation, Ibero–American Programme Working Document, https://cooperacionsursur.org/ wp-content/uploads/2020/05/18-DT05-Chrono-South-South2014.pdf.

Luke, D. 2020. "Implementing the African Continental Free Trade Area during the 2020s." In Ify Ogo, eds., The Futures Report: Making the AfCFTA Work for Women and Youth, pp. 16-29. New York, USA: United Nations Development Programme (UNDP) Press.

Mthembu, Philani. 2021. The African Continental Free Trade Area: Time to Build Capacity and Resilience, Southernvoice, http://southernvoice.org/afcfta-time-to-build-capacity-resilience/?fbclid=IwAR1ji96f0xYUp0QVhgzohCcENvq1rJDjLG BfyHGiJn_mJqiERhfx-lUgxPY

Murithi, Tim. 2021. African Continental Free Trade Area Should be Used as a Driver of Peace and Security on the Continent, BUSINESS MAVERICK, https://www. dailymaverick.co.za/article/2021-02-21-african-continental-free-trade-area-should-be-used-as-a-driver-of-peace-and-security-on-the-continent/.

Phiri-Hurungo, C. 2020. "Realizing the Promise of the AfCFTA for Women and Youth." In Ify Ogo, eds., The Futures Report: Making the AfCFTA Work for Women and youth, pp. 62-83. New York, USA: United Nations Development Programme (UNDP) Press.

Salisu, Afees & Ademuyiwa, Idris. (2012). Trade creation and trade diversion in West African Monetary Zone (WAMZ). Economics Bulletin. 32. 3071-3081.

Signé, L 2018. "The potential of manufacturing and industrialization in Africa." Africa Growth Initiative at Brookings.

Simon Mevel and Stephen Karingi. 2012. "Deepening Regional Integration in Africa: A Computable General Equilibrium Assessment of the Establishment of a Continental Free Trade Area followed by a Continental Customs Union." Paper presented at 7th African Economic Conference, Kigali, Rwanda.

Songwe, V. 2019. "Intra-African trade: A path to economic diversification and inclusion." In Boosting trade and investment: A new agenda for regional and international engagement, Brookings: Washington, D.C.

Silver Ojakol. 2020 "Unlocking and Scaling Innovation,Enterprise and Growth through the AfCFTA Protocol on Trade in Goods." In Ify Ogo, eds., The Futures Report:

Making the AfCFTA Work for Women and Youth, pp. 48-61. New York, USA: United Nations Development Programme (UNDP) Press.

Tröster, Bernhard and Janechová, Eva. 2021. The long journey towards Pan-African integration: The African Continental Free Trade Area and its challenges, Austrain Foundation for Development Research, https://www.oefse.at/fileadmin/content/ Downloads/Publikationen/Briefingpaper/BP31-African-Continental-Free-Trade-Area.pdf.

U.N.Economic and Social Commission for Asia and the Pacific. 2018. South-South Cooperation in Asia and the Pacific – A brief overview, ESCAP SSC Paper, Vol.4, https://www.unescap.org/sites/default/files/SSC_Paper_v04_20180621_FINAL_ formatted.pdf.

United Nations Economic Commission for Africa. 2018. An Empirical Assessment of the African Continental Free Trade Area Modalities on Goods, Addis Ababa.

Vickers, Brendan. 2018. Sub-Regions First: The Role and Evolution of Regional Economic Communities in Africa, A Vision of Africa's Future.

Zhu, G., Chou, M. C., & Tsai, C. W. 2020. "Lessons learned from the COVID-19 pandemic exposing the shortcomings of current supply chain operations: a long-term prescriptive offering." Sustainability, 12(14), 5858.

臺商在非洲：全球在地化、商機與挑戰

陳德昇

（國立政治大學國際關係研究中心研究員）

摘要

全球化是一個經濟、社會、文化的同質化過程，但是全球化過程終究必須在地方層次上實踐。如何提升企業在地市場競爭力與獲利，進而落實在地共生理念，應是企業跨界經營與社會責任體現。

當前面對美中貿易戰、新冠疫情，以及臺商轉型升級和全球化挑戰，如何評估非洲市場和布局，爭取最大商機與利益應是優先努力方向。在評估非洲投資環境、優勢與挑戰下，臺商非洲投資應善於利用經貿優惠政策，跨界行銷在地與歐美。市場與產業布局包括：考量生態與氣候條件之農漁業生產；整合科技與民生、輕工業發展和製造；環境治理與循環經濟之應用；著重在地消費偏好、市場需求與資源共享。

無論是政府政策性投資或是民間公益之落實，皆須以市場導向與利益獲取為前提，才可能永續經營。此外，落實在地共生、永續經營理念，亦有助爭取非洲人民認同與互惠共享。

關鍵詞：全球化、地緣政治、在地共生、企業社會責任、SWOT 分析

壹、前言

　　就臺商全球化策略與布局而言，獲利機會、成本估算、安全因素、語言溝通、法制保障，以及原材料和產業供應鏈供給，應是企業跨界投資必須評估和考慮的因素和要件。臺商赴非洲地區（參見圖1）投資，不乏創業與經營有成的企業典範，但亦有鎩羽而歸或流落異域者。因此，在當前面對美中貿易戰、新冠疫情（COVID-19），以及臺商轉型升級、供應鏈調整和全球化挑戰，如何評估非洲市場和布局，爭取最大商機與利益，並落實在地共生與永續經營理念，應是思考與努力方向。

圖1：非洲諸國分布圖

貳、全球化與臺商海外投資沿革

　　根據諾克斯（P. L. Knox）（1995）的界定，全球化可由產業全球化、金融全球化和文化流動的全球化三個角度來審視。就產業全球化而論，由1970 至 1980 年代，世界已由「國際經濟」（international economies）進展到「全球經濟」（global economy）。前者特性是一種商品和服務的貿易，是由個人或企業，經由跨越國界所形成的貿易活動，且此種貿易活動基本上是由民族國家（nation states）所控制與調節的。後者即在全球經濟的發展趨勢下，商品和服務主要是由寡占的全球網絡來主導生產與行銷。這些跨國界的生產與貿易活動，日益不受到國家的調控與制約。事實上，產業或經濟的全球化，主要是反應在資本高度流動的特性，這也和金融全球化有互為因果關聯性。此外，隨之來的各種文化層面，如人口（種族）、科技、傳媒、流行文化、意識形態等的高度擴散與流動，也成為全球化重要特質與徵候。

　　學者以「無國界的世界」（borderless world）指涉全球化的現象和特徵。其中包括：（一）資金投資已不再容易受到地理的限制，資本易朝向較具回收潛力與高利潤的地區流動，投資主要是個人或個別企業所驅動，政府的參與較小；（二）產業日益國際化，多國籍企業（Multinational corporation）是以市場潛力與資源獲取為考量，且日益不受制於國家；（三）資訊科技變革，讓這些多國籍企業以全球為布局；（四）最終的個別消費的品味與行為日益同一化，不過價格與品質仍是消費者決定購買與否的重要依據，而非來源國或產地（Ohmae 1990; 1995）。

　　全球化是一個經濟、社會、文化的同質化過程，但是全球化過程終究必須在地方的層次上實踐。這一實踐的過程並非全然只是外在力量的支配過程，而會因地方社會與經濟空間的特殊性，在地方落實過程中產生不同效果。事實上,全球在地化是一種同質化「全球化」,與差異化「在地化」空間生產的動態互動過程。在地化的現象主要表現在:原材料和半成品的採購、資金籌措、幹部及人才晉用、產品銷售等方面。理論上,外商企業在地主國當地深耕,是企業永續經營發展必然途徑。當地化程度越高,表示與當地經濟及相關產業的互動緊密,地主國接受外資可能的獲益越大(鄭陸霖、徐進鈺 2001)。

　　臺商對外投資大抵以鄰近國家為起點,這和西方多國籍企業並無不同。因為廠商必須循序漸進以累積其國際化的資源和經驗,當資源和經驗都不足時,只能由風險最小的投資地開始(Johanson and Jn-Erik 1990; 1997)。此外,臺灣廠商的國際競爭力,主要是基於臺灣本身的生產網絡,因此在海外投資時必須和國內網絡保持連鎖關係,才能維持其競爭力(Ku 1999)。這兩項因素主導臺商對外投資地點之選擇與國際化的路徑。前者可稱之為「心理」因素,後者可視為「網絡」因素(陳添枝、顧瑩華 2008)。

　　基本而言,1980 年代中末期起臺灣資本赴大陸與東南亞投資。初期是以出口導向與勞力密集之中小企業為主,一般稱之「夕陽產業」,具有資本小、沒有政府保護,但對市場敏感度高且具彈性。其在臺灣市場生存因成本上升、工資上揚、環保要求,日益困難,必須向外尋找出路。其後至 1991 年大企業對外投資增加,1995 年則是以大企業投資為主與資本密集取向。尤其是 1994 年政府推動「南向政策」,國營事業如臺肥、臺鹽皆有合作投資計畫。基本而言,臺商 1990 年代海外投資仍面臨來自市場競爭、政情複雜、員工管理、區域適應與語言障礙(參見表 1);在需求政府協助方面,主要集中在資金取得、優惠政策、法制保障與市場服務等(參見表 2)。

表 1：對外投資所面臨之困難（1997）（複選）

（單位：%）

項目 國別	市場 競爭激烈	當地政經 情勢不穩	當地人員 管理不易	當地行政 效力無法 配合	當地勞力 成本上升	當地習俗、 商業習慣 不同	語言 溝通 困難
馬來西亞	41.79	13.43	35.82	20.90	41.79	20.90	13.43
新加坡	72.22	16.67	22.22	0.00	38.89	44.44	0.00
泰國	27.54	17.39	33.33	18.84	30.43	31.88	39.13
印尼	28.95	36.84	28.95	26.32	31.58	26.32	31.58
菲律賓	27.27	22.73	36.36	22.73	27.27	31.82	18.18
越南	15.56	4.44	20.00	42.22	8.89	17.78	68.89
中國大陸	35.10	42.99	33.92	32.04	19.67	15.55	2.94
美國	65.74	15.74	24.07	15.74	15.74	17.59	9.26
日本	50.00	10.00	30.00	10.00	50.00	20.00	0.00
西歐	75.00	0.00	12.50	12.50	37.50	50.00	12.50

資料來源：經濟部統計處，1997，頁 27。轉引自《臺商在東南亞：網絡認同與全球化》中〈臺商的歷史、性格與未來發展〉一文。

表 2：臺商海外投資所需政府之協助（1997）（複選）

項目 國別	提供各國 投資環境 相關法令 資訊	訂定投資 保障協定 確保投資 權益	訂定雙邊 租稅協定 避免雙重 課稅	提供融資 方面協助	放寬海外 投資限制	簡化對外 投資申請 作業	增加派駐 各國商務 人員並 強化能力
總計	41.54	34.83	32.93	29.50	27.59	24.62	15.85
美國	53.70	25.00	25.93	35.19	32.41	42.59	14.81
日本	30.00	20.00	40.00	30.00	50.00	30.00	10.00
西歐	50.00	25.00	37.50	37.50	50.00	37.50	0.00
中國大陸	35.92	38.16	33.57	29.33	26.74	19.32	14.37
越南	55.56	35.56	35.56	31.11	11.11	26.67	24.44
馬來西亞	40.30	35.82	41.79	28.36	25.37	37.31	16.42
新加坡	66.67	22.22	33.33	27.78	44.44	33.33	11.11
泰國	50.72	33.33	36.23	23.19	27.54	24.64	20.29
印尼	36.84	21.05	36.84	34.21	21.05	26.32	36.84
菲律賓	59.09	22.73	45.45	22.73	11.11	26.67	13.64

資料來源：經濟部統計處，1997，頁 27。轉引自《臺商在東南亞：網絡認同與全球化》中〈臺商的歷史、性格與未來發展〉一文。

　　過去三十年來，臺商海外投資基本上仍是以大陸地區為重點，2010 年比重甚至高達 83.8%（參見圖 2）。不過，隨著投資環境惡化與供應鏈調整則有下降之趨勢。現階段海外投資則面臨同業競爭、勞動成本上升、內銷市場開拓不易與行政障礙繁複（參見圖 3）。此外，在臺商赴非投資方面，始終比例較低（參見圖 2），根據統計資料顯示，1952 至 2020 年僅11.5 億美元。即使 2020 年投資增長較多，亦僅 1.92 億美元，占整體海外投資 1.1% 左右（參見圖 2、表 3）。至於投資非洲臺商是臺商全球化與布局的組成部分，其投資企業家數、人數估計達上萬人（刁曼蓬 2019），但政府統計數據估計與現實存在較大落差（參見表 3），這可能與欠缺外交承認，部分廠商不能以正式身分投標，或是在地增資、再投資未便申報有關。[1]

圖 2：臺商海外各區域投資額度（1990-2021）

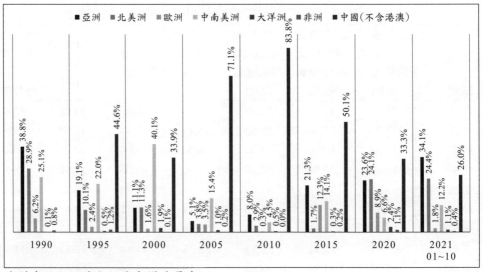

資料來源：經濟部投資審議委員會。

_____

1　訪問投非洲臺商所獲資訊。

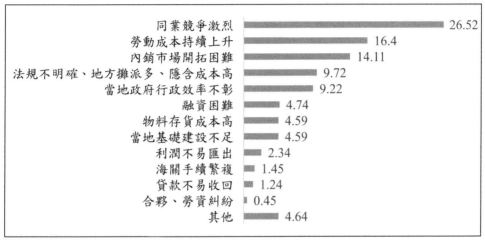

圖 3：臺商赴海外投資所面臨之困難（2019）

困難	數值
同業競爭激烈	26.52
勞動成本持續上升	16.4
內銷市場開拓困難	14.11
法規不明確、地方攤派多、隱含成本高	9.72
當地政府行政效率不彰	9.22
融資困難	4.74
物料存貨成本高	4.59
當地基礎建設不足	4.59
利潤不易匯出	2.34
海關手續繁複	1.45
貸款不易收回	1.24
合夥、勞資糾紛	0.45
其他	4.64

資料來源：經濟部投審會、中華經濟研究院（2020）。

表 3：臺商投資非洲件數與金額－核備對外投資分區統計表（1952-2022/02）

地區	非洲地區	
	小計	
年度	件數	金額（單位：美金千元）
1952~2021.12	276	1,148,261
2010	10	8,576
2011	10	30,574
2012	3	36,576
2013	5	16,865
2014	12	54,539
2015	13	47,689
2016	19	62,913
2017	7	40,050
2018	9	79,157
2019	6	25,079
2020	8	192,410

地區	非洲地區	
	小計	
年度	件數	金額 （單位：美金千元）
2021	6	79,793
2021 01~02	1	3,413
02	0	3,080
03	0	10,000
04	2	2,389
05	1	4,075
06	0	0
07	0	0
08	1	4,800
09	0	53,030
10	1	363
11	0	0
12	0	1,723
2022 01~02	0	4,675
01	0	0
02	0	4,675
較上年同期增減差額	-1	1,262
較上年同期增減百分比	-100.00	36.98
1952~2022.02	276	1,152,936

資料來源：經濟部投資審議委員會。

參、投資環境、國際強權與市場競逐

　　探討非洲市場與投資環境，須對其殖民歷史、區位特質、政治生態與穩定性，以及外交與社經面貌逐一檢視。目前非洲共有 54 國，面積 3037 萬平方公里，人口達 13.5 億。主要區分為四大語區（英語 20 國、阿語 13 國、葡語 6 國、法語 22 國）、五大區塊（參見表 4），以及五大門戶（參見表 5），目前與我有邦交僅剩史瓦帝尼王國（Kingdom of Eswatini）一國，近期則與東非索馬利蘭（Republic of Somaliland）建立代表處（臺灣駐索馬利蘭共和國代表處）。

表 4：非洲五大區塊

區塊	特徵
北部非洲 6 國	・2019 年 GDP 合計 7174 億美元 ・2020 年平均 GDP 成長率 1.5% ・阿語系國家為主 ・前三經濟體：埃及、阿爾及利亞、摩洛哥 ・阿拉伯市場
西部非洲 16 國	・2019 年 GDP 合計 6706 億美元 ・2020 年平均 GDP 成長率 5.4% ・法語系國家為主 ・前三經濟體：奈及利亞、迦納、象牙海岸 ・黎巴嫩掌控經濟
東部非洲 19 國	・2019 年 GDP 合計 4131 億美元 ・2020 年平均 GDP 成長率 4.2% ・英語系國家為主 ・前三經濟體：肯亞、衣索比亞、坦尚尼亞 ・印度裔掌控經濟
中部非洲 9 國	・2019 年 GDP 合計 2540 億美元 ・2020 年平均 GDP 成長率 3.4% ・法語系國家為主 ・最大經濟體：安哥拉
南部非洲 5 國	・2019 年 GDP 合計 4279 億美元 ・2020 年平均 GDP 成長率 2.2% ・英語系國家為主 ・最大經濟體：南非 ・猶太、歐洲、印度裔掌握經濟大權

資料來源：轉引自外貿協會報告。

表 5：非洲五大門戶（2019）

幣別：美元

國名	GDP	人口	進口	出口	特徵
阿爾及利亞	2000 億	4423 萬	404 億	347 億	非洲領土最大
埃及	2982 億	1 億	787 億	306 億	北非最大經濟體
奈及利亞	4470 億	2.6 億	787 億	536 億	非洲最大經濟體 非洲最多人口
肯亞	983 億	5072 萬	172 億	58 億	東非最大經濟體
南非	3855 億	6000 萬	882 億	904 億	我國出口非洲排名第一

資料來源：轉引自外貿協會報告。

　　此外，衡量非洲各國主要經濟指標，除有傳統的 GDP 總量、每人平均 GDP 外，亦可以採用 HDI（Human Development Index）指標[2]（參見圖 4），衡量其經濟與社會發展，統計顯示：非洲各國中以塞席爾、模里西斯、阿爾及利亞、突尼西亞、波札那、利比亞、南非、加彭、埃及與摩洛哥等國，較具發展優勢與市場競爭力。

　　非洲政經生態與沿革，則有歐洲長期殖民的歷史。歐洲強權於 1887 年柏林會議後大舉展開非洲的殖民活動，其殖民統治在 1950 年代非洲展開獨立運動後才宣告結束。不過，非洲國家在政治上獨立，並不一定在經濟和文化上獨立。基本上，前殖民母國的許多跨國公司仍掌握這些國家經濟作物的海外市場，以及礦藏的開發與經營，並對其教育、文化有深遠影響。他們對前殖民地的經濟援助，則是後者重要的外匯來源及政府預算。此外，法國還在前非洲殖民地駐軍，是這些國家安全穩定或是動亂不安的原因。換言之，部分非洲國家即使名義上享有政治獨立，但仍需仰賴殖民

---

[2]「人類發展指數」（Human Development Index, HDI）係聯合國開發計畫署（UNDP）於 1990 年編制並按年公布，認為「所得成長」對人類的發展雖是必要，但非唯一焦點，遂選取「健康」（零歲平均壽命）、「教育」（平均受教育年數、預期受教育年數）及「經濟」（按購買力平價計算之實質平均每人國民所得毛額（GNI）等三指標匯編為一單一綜合指數，以便精確反映各領域之發展成就。參見 https://www.gender.ey.gov.tw/gecdb/Stat_International_Node0.aspx?s=AvSV9dDW2%2BBQgQ0IVv50XQ%3D%3D。

圖 4：非洲地區人類發展指數

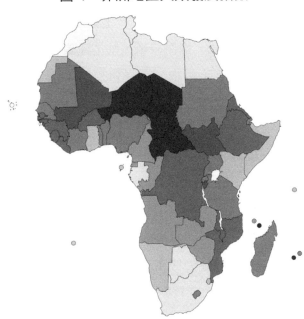

資料來源：United Nations Development Programme- Human Development Report，
　　　　　https://en.wikipedia.org/wiki/List_of_African_countries_by_Human_
　　　　　Development_Index#/media/File:African_countries_by_HDI_(2020).svg
說明：2020 年報告書，為 2019 年的統計數據。

母國的扶持，方能維繫其政權於不墜（嚴震生 2009）。

　　中國過去與「第三世界」[3] 友邦具歷史革命情感之連結，但近數十年來
大陸在非洲的外交攻勢、戰略布局與市場經略則日趨積極且影響深遠。其
背景不僅在於北京於 1971 年取代中華民國取得聯合國常任理事國席次，
隨其國際地位提升，我國在非洲邦交國逐年流失。中共在此一地區外交攻

3　第三世界（Third World）通常指亞洲、非洲、中南美洲的開發中國家，一般指一些在政治、經濟、社會
　　現代化進程中比較落後的國家和地區。毛澤東三個世界劃分的觀點，主要是階級分析得出，並認為三
　　個世界理論對於孤立霸權主義，和進一步加強中國和第三世界團結、友好合作具重要意義。

勢奏效，不僅在於作為「第三世界」夥伴認同，亦有戰略物資、建設資源與經濟援助的相互需求（嚴震生 2009）。尤其是中共於 2013 年實施「一帶一路」策略[4]納入非洲諸國，提供貸款、基本建設投資則受非洲國家所認同和支持，但也由於中共戰略訴求、布局執行偏差，亦引發新的衝擊與負面影響。

中國大陸赴非投資與經營策略傾向於政府援助鐵路、公路、基礎建設，並由國有企業執行，部分工程由民營企業承包。此外，非洲投資亦結合相當之大陸民工和移民（合法／非法）參與。此固有助於振興非洲經濟、提升交通便捷性，以及改善人民生活，但是欠缺管理與執行偏差亦引發負面影響。換言之，具掠奪性的非洲援外作為，以及在環境治理、治安挑戰、移民管理、在地就業與利益分配皆產生不利衝擊。根據訪談的資訊及反映較多負面印象。一位泉州的企業總裁即曾表示：

「大陸泉州有位企業家赴非洲投資，並炫耀他出入非洲當地，皆有當地軍人荷槍相隨。我想，他在那是做什麼生意啊！需要軍人保鑣相隨呢？」

另一位非洲駐臺經貿官員亦透露：

「大陸在非洲莫三比克蓋機場，結果把機場附近的珍貴樹種全砍回大陸賣，收益高出援建機場費用的好幾倍；在尚比亞也由於開礦，強占資源，導致排華。另據了解，大陸在安哥拉約有百萬移民，黑道勢力不小，最後大陸公安卻派出特警、武警抓了黑幫 15 人返陸槍斃了事，影響不好。」

4　「一帶一路」是「絲綢之路經濟帶」和「二十一世紀海上絲綢之路」的簡稱。2013 年 9 月和 10 月，中國國家主席習近平在出訪中亞和東南亞國家期間先後提出的重大倡議，旨在依靠中國與有關國家既有的雙多邊機制，借助既有的區域合作平臺，連通中亞、西亞、歐洲與亞太，並帶動中國大陸西部及沿海省份的開發和對外交流。

「大陸以國企力量在非洲經營，以工程建設和粗加工為主，但由於專業實力不足與體制限制，部分商機無法落實與發揮。例如，大陸挖掘稀土，回去大陸內蒙古提煉，但造成之環境污染難以回復和根治；另莫三比克天然氣，美國和日本公司有開發能力，但中石化與中石油技術能力和體制侷限，就無法和先進企業競爭。另也聽說，大陸石油系統也經過一波整肅，大家比較不敢負責任。中國主要的問題是沒有永續經營的信念。」

大陸智庫成員曾赴非洲尼日、迦納、甘比亞、埃及調研，提出大陸企業赴非投資存在的問題，包括：在投資非洲戰略上缺乏總體布局，企業投資的組合性、整體性較差，基本處於「一盤散沙」、單打獨鬥的狀態，沒有形成有機協調的整體合力；融資問題突出。據中資企業反應，非洲當地銀行融資利率普遍很高。如奈及利亞銀行貸款利率高達 25%；醫院、教育等配套服務不完善；境外投資企業缺乏社會責任。據甘比亞人反應，漁船在塞內加爾捕魚，因違反當地生態保護法律屢遭扣押（王曉紅 2019）。

中共「一帶一路」的市場、礦產資源或戰略布局，以及 2013 年至 2018 年 900 億美元投資的企圖心，亦引發歐美強國「地緣政治」（geopolitics）疑慮和戒心，因而促成美國與歐盟更積極參與非洲建設。2021 年 11 月 2 日，美國總統拜登（Joe Biden）在 COP26 聯合國氣候峰會做「建設更美好世界」倡議時表示：民主國家將用更環保的方式幫助開發中國家，擺脫中共「一帶一路」倡議所帶來的「債務陷阱和腐敗」。此外，美國亦承諾六年前由非洲各國元首發起的「非洲適應」倡議，目的在規劃和資助非洲具有能源效率和對氣候變化有彈性的基礎設施（參見表 6）。在具體行動方面，美國國務卿布林肯（Antony Blinken）於 2021 年 11 月 15-21 日先後訪問肯亞、奈及利亞與塞內加爾。他表示：美國將採取不同作法幫助非洲建設基礎建設，也暗指中國大型國際交易往往不透明且具脅迫性。布林肯指出：隨著氣候危機緊迫性增加，美國的重點將越來越多地放在非洲（李言 2021）。此外，2021 年 12 月 1 日歐盟（EU）提出 3000億歐元的「全球門戶」（Global Gateway）計畫，協助開發中國家興建鐵路、道路、電網、光纖等基礎建設。這項計畫被認為是抗衡大陸的「一帶一路」跨國基礎建設計畫（張佑生 2021）（參見表 6）。

表 6：美國、歐盟與中國對非洲主張與援助計畫（2021）

	政策主張與倡議	投資／疫苗捐助生產
美國	・2021 年 11 月 2 日拜登在 COP26 聯合國峰會倡議「承諾更美好世界」，主張民主國家用更環保方式幫助開發中國家擺脫中共「一帶一路」帶來的「債務陷阱和腐敗」。 ・拜登政府支持六年前各國元首發起的「非洲適應性倡議」，旨在規劃和資助非洲具有能源效率和對氣候變化有彈性的基礎設施。 ・2021 年 11 月中下旬訪問非洲，布林肯表示：「視非洲視一個主要地緣政治參與者，美國將採取不同作法幫助非洲建設基礎建設。」 ・2022 年將召開「非洲國家領導人高峰會」（US–Africa Leaders Summit），重點討論建立全球夥伴關係與聯盟。	・美國與塞內加爾啟動 10 億美元投資案，並生產疫苗。 ・美國與尼日簽署 21 億美元發展援助計畫，支持雙方在衛生、教育、農業和善治合作。 ・以向非洲 43 國提供 5000 萬劑疫苗，另亦提供 19 億美元疫情相關援助。
歐盟	・2021 年 12 月 1 日歐盟宣布「全球門戶」（Global Gateway）計畫，規劃在 2021年至 2027 年投入 3000 億元，協助非洲、亞洲、巴爾幹半島開發中國家建設鐵路、電網、道路等基礎建設，與中國「一帶一路」較勁。	・擬投資 3000 億歐元在開發中國家投資基礎建設。 ・德總理主張及早在非洲獨立生產疫苗。

	政策主張與倡議	投資／疫苗捐助生產
中國	・自 2013 年起啟動「一帶一路」援非計畫，推動基礎建設、礦產開採與市場投資。 ・2021 年 11 月 29 日習近平出席「中非合作論壇」第八屆部長會議強調：「全球發展倡議」，提出同非洲國家共同實施「九項工程」。	・2013 年 –2018 年對非洲國家投資達 900 億美元。 ・提供十億劑疫苗，派遣 1500 名醫療隊員和公衛專家，500 名農業專家，援助十個綠色環保和應對氣候變化項目。

資料來源：本表由作者整理自：李言（2021）；自由財經（2021）；張柏漪（2021）；
　　　　　鄭明達（2021）；自由時報（2021）；美國之音（2021）；楊明娟（2021）。

肆、市場參與：優勢、挑戰與策略

　　無論就歐美中諸國對非洲擴大投資、地緣政治與氣候變遷區位議題的重要性，以及非洲市場的特質，皆顯示市場發展潛力與可操作性。就臺商投資非洲與經略市場，運用 SWOT 評估其優勢優勢（S）、機會（O）、弱點（W）與威脅（T），可得到以下觀察與分析。

　　就優勢（S）而論，具備製造、貿易與行銷歷練與經驗之臺商，尤其是在農業、輕工業與民生工業領域，可望於在地市場具有較大發揮空間，尤其是臺商信譽與經營能力相對較佳，以及在地化與公益角色參與，皆有助市場認同與影響力提升。在機會（O）方面則在市場廣大、人口紅利、享優惠政策、基礎建設逐步改善，以及作為進入歐美市場之平臺，應是較具利基之商機與誘因。此外，在弱點（W）方面，則包括：臺商多為中小企業，規模有限，未能有企業化規模經營，加之中低檔商品市場競爭激烈，市場空間有限。另在非洲員工能力不足且較具惰性、官僚效率低，亦影響經營績效。在威脅（T）方面，不僅有來自於中國大陸的外交侷限，欠缺政府部門的奧援，以及在政經局勢與法制、治安、衛生條件不佳，皆是不利因素（參見圖 5）。

　　儘管如此，透過強化優勢與機會（SO）整合分析，具備跨界經營與外語能力之臺商，可採取相對安全區位選擇，尋找特定產業之製造與市場開拓，尤其是針對非洲市場不同所得階層，採取市場與產品差異化策略，以及跨界輸出歐美市場，進行市場布局，或能有較高獲利之機會。此外，在發揮優勢降低弱點（SW）策略思考上，如何組建經營團隊，運用臺灣大中型國營與民營企業，較具資本、技術與跨國經驗，強化資源整合與制度規範，或能規避臺灣企業跨境經營之風險。在強化優勢降低威脅（ST）策略方面，面對來自中國外交優勢與孤立，除應靈活運用民間與官方之彈性身分和角色外，避開非洲的紅海市場，尋找中高端藍海市場，將有助臺商商機開拓與鞏固（參見表7、8）。此外，在降低弱勢與風險（WT）方面，除須積極規避政治與外交風險外，建構在地人脈網絡與共生機制，以及積極提升市場獲利能力，才能提高市場勝算。

圖 5：臺商非洲投資 SWOT 分析

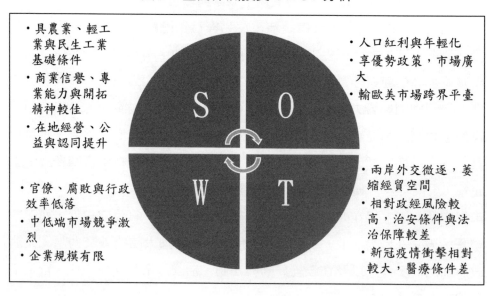

- 具農業、輕工業與民生工業基礎條件
- 商業信譽、專業能力與開拓精神較佳
- 在地經營、公益與認同提升

- 人口紅利與年輕化
- 享優勢政策，市場廣大
- 輸歐美市場跨界平臺

S O
W T

- 官僚、腐敗與行政效率低落
- 中低端市場競爭激烈
- 企業規模有限

- 兩岸外交微逐，萎縮經貿空間
- 相對政經風險較高，治安條件與法治保障較差
- 新冠疫情衝擊相對較大，醫療條件差

表 7：非洲投資市場與商機

農業	・糧食作物與經濟作物擴大規模生產
	・有機農作，中高端市場
	（須專業評估當地氣候、收入與土地種植條件）
工業	・在地生產民生工業產品
	・輕工業產品
服務業	・中高端服務行業與市場
	・諮詢、機械維修與產品服務行銷網絡

表 8：非洲投資紅海與藍海市場

	產業	理由
紅海	・中低階消費品 ・低門檻產品	大陸新移民占據市場、傾銷
藍海	・輕工業（製造） ・民生工業（製造） ・服務業（中高端）	當地缺乏製造業，多為外國直接輸入為主。近年，移民者與外援仍以「去工業化」和產品輸入為主。

　　臺灣目前在非洲設廠經營之臺商（參見圖 6），主要包括：（一）紡織業的年興、旭榮、聚陽、南緯，分別於史瓦帝尼、賴索托、肯亞、坦尚尼亞、衣索比亞設廠，相關產品主要是行銷歐美為主；（二）科技廠商僅有華碩在南非、埃及與阿爾及利亞設點，技嘉則在埃及經營市場；（三）飲料瓶蓋廠有宏全國際在莫三比克和阿爾及利亞設廠；（四）機車與零組件有三陽工業於阿爾及利亞設點；（五）輪胎業有正新輪胎在奈及利亞、南非設點。非洲臺商總會吳孟宗前會長即在奈及利亞及鄰近國家推展正新輪胎副品牌瑪吉斯（MAXXIS），成效頗佳。此外，近期中油公司在北非的查德（Chad）採獲石油，亦是多年努力海外探油成果（楊舒晴，2020）。儘管如此，臺商在非洲市場之經營仍屬有限與不足，尤其是在地市場、中高端市場，以及跨界輸往歐美之產品，仍有開發潛力與空間。

圖 6：非洲臺商主要分布國別

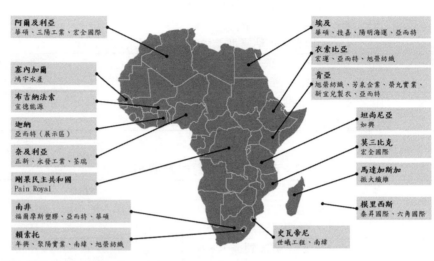

阿爾及利亞
華碩、三陽工業、宏全國際

塞內加爾
鴻宇水產

布吉納法索
宣德能源

迦納
亞而特（展示區）

奈及利亞
正新、水發工業、荃瑞

剛果民主共和國
Pain Royal

南非
福爾摩斯塑膠、亞而特、華碩

賴索托
年興、聚陽實業、南緯、旭榮紡織

埃及
華碩、技嘉、陽明海運、亞而特

衣索比亞
宏遠、亞而特、旭榮紡織

肯亞
旭榮紡織、芳泉企業、蔡允實業、
新宜兒製衣、亞而特

坦尚尼亞
如興

莫三比克
宏全國際

馬達加斯加
振大纖維

模里西斯
泰昇國際、六角國際

史瓦帝尼
世曦工程、南緯

資料來源：外貿協會市場拓展處

　　基於上述形勢之分析與主客觀條件之檢視，以及未來市場經營之前瞻規劃，下列策略思考將有助於未來非洲市場之經營。

（一）盤點各國經貿特色、政局穩定與市場條件

　　由於非洲 54 國國情、經濟規模與社會條件差異大，因此專業、精準與務實盤點各國之特色，尤其是市場經營所需的政治穩定、制度化建設，以及市場運籌能力，皆是評比標準。透過上述資訊的比對，結合相關配套措施與籌謀，包括通路、倉儲與信用融通之安排，將有利於臺商拓展商機與獲利能力提升。

（二）善用非洲優惠關稅和自貿區優勢

　　由於非洲國家出口美國享有《非洲成長機會法》（African Growth and Opportunity Act, AGOA）優惠關稅，以及《非洲大陸自由貿易協定》（Africa

Continental Free Trade Agreement, AfCFTA）之簽署，有利臺商評估非洲市場的優勢和競合態勢，尋求企業之定位與獲利商業模式。換言之，善用當地加工機會創造更高附加價值，銷往歐美市場，將可享跨界與多元商機。同樣的，非洲地區各國與區域間降低關稅互通有無，有助商機分享。

（三）人才在地化、人才培養和制度保障。

全球在地化之鞏固，運作必須深化在地化思維和市場布局。事實上，在跨國企業經營之策略布局、人才安排與成本考量，在中長期下勢必以培養在地優秀人才，或是當地具優勢之外商（例如東非之印度人）做骨幹。一則因語言、文化因素可對當地做有效管理；二則可運用完善制度管理規避可能之風險。事實上，過多的臺籍外派幹部，不必然優於在地人才之運作，也不一定會有較少之管理缺失和流弊。一位在非洲經營紡織業有成的臺商即曾表示：

> 「在地化是跨國經營管理必然的選擇。我們在當地一家企業，即由非籍畢業於英國名校高材生管理，我們提供較好的待遇，他的表現即令人滿意。臺商管理有一個心魔，不太敢信任外國人，認為他忠誠會不好，但事實上全由臺商管理就不會有問題嗎？」[5]

（四）落實在地共生推展公益，提升臺商形象

臺商在地共生策略，臺灣非政府組織與宗教團體亦扮演功能性角色。尤其是慈濟功德會多年來已在南部非洲開展工作（參見圖7）；阿彌陀佛協會（Amitofo Care Centre，簡稱 ACC）亦收養孤兒 2600 人、推廣教育，以及回臺升學，提供非洲人民更多市場機會與能力提升，此皆顯示臺商與

---

5 訪談非洲投資紡織業臺商。

民間組織在非洲社會的貢獻與影響力，其對臺商經營、形象提升，以及人才培養皆有助益，是在地化經營與在地共生的範例，值得持續推廣。

圖 7：慈濟與阿彌陀佛協會在南部非洲經營國別

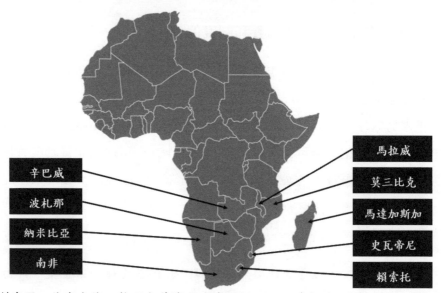

資料來源：作者自繪，整理自慈濟全球資訊網，2018〈非洲研習營 八國共聚做交流〉、阿彌陀佛關懷中心網站。

（五）強化非洲經貿、專業菁英人才培訓，落實在地利益共享。

我國素以經貿立國，並以農業科技著稱，培訓人才亦為強項。由於非洲地區整體教育素質、職業與農業教育多屬弱項和缺失，因此針對未來具潛力發展之重點產業或專業技能，政府相關部門宜促成獎助非洲專業人才培訓計畫，此將有利於企業在地發展、深耕布局與理念認同。客觀而言，企業全球化發展，在地化是必須考量與執行之策略，而在地人才專業，忠誠、敬業精神與利益共享，亦是企業經營成敗的要素。

（六）以市場為導向之經營策略和布局，發揮「借力使力」槓桿效果。

　　回歸以市場為導向之投資策略與布局，將有助於市場經營。政治性或援助性投資皆有市場風險且難以持續發展，而應以市場可行性與成本效益評估，作為投資與經營之依據。換言之，任何投資均有風險，尤其是非洲作為遠距跨界投資之標的，加之在地不確定因素與挑戰相對較多，因而勢必須做好全面之市場調查。此外，在可預期未來，歐美各國與世界公益組織，皆有更積極、具體投資與招標機會，吾人可「借力使力」發揮優勢與整合資源，拓展跨界合作和商機爭取。

（七）融資平臺功能發揮與重視當地法制規範

　　近年企業非洲拓展較大的限制因素，主要為非洲地區的融資與信用保證基金運作仍較困難。一方面，非洲地區我方金融機構設點有限，加之外交關係斷絕，以及非洲經營環境風險與貸款利率相對較高，此皆不利於融資與信用保證體系之運作。因此，未來臺商全球布局非洲，如何建構更具市場與效能的融資平臺和信用保證制度，應是促成臺商非洲具建設性投資與布局的前提。此外，重視當地法制規範，在勞工與稅務皆應有更嚴謹制度遵守和實踐，才能永續經營。

（八）跨部門有效協作機制與運作

　　臺商輔導與支援系統並非僅仰賴單一部門，必須建構跨部門服務平臺與協作系統始能有效運作。尤其是僑委會、經濟部在網絡連結、組織運作，以及服務平臺設置，能予非洲臺商較多支持與協助。此外，融資與信用保證、專業技能培訓、入出境管理，亦涉及金管會、勞動部與移民署須配合。

這其中尚涉及法令修改、排除部會本位主義，以及風險管理之評估。當前如何以全球視野和格局，面對臺商全球化的新機遇和挑戰規避，政府各部門應有超前部署之作為和努力。

（九）促成具經營條件之大中型企業參與，建構輸歐美市場平臺

客觀而言，臺灣中小企業赴非洲投資確存在較大風險與挑戰，且其實質影響力與獲利空間仍有限。因此，鼓勵與支持中大型民營或國營企業赴非投資亦是策略性考量。換言之，建築在市場與獲利可行性評估前提下，啟動大中型企業赴非投資，有助於同步拉動相關上中下游產業鏈之參與。此外，著力於非洲自貿區與優惠關稅利基和規模經營，以及運用自然資源優勢條件，結合自動化與網絡科技運用，將有利運用與建置產品輸往歐美之平臺。

（十）落實科技應用、網路行銷，以及強化富有階層、國家行銷

臺商在科技領域的專業與能力素為國際所認同。因此，在非洲缺乏科技條件之區位，若能善於運用科技元素和網路行銷，應有助於市場開發。事實上，非洲不少國家亦有經濟富有階層，若能打入其市場，尤其是運用科技和網路平臺，或能爭取更大商機。一位臺商食品機械出口業者即指出：

> 「我們對全球市場都須努力，所以特別重視網路行銷、多國語言和不斷尋找新客戶。非洲地區主要是北非和南非為主，包括埃及、摩洛哥、南非等。在富有國家機會較大，這些國家農作物生產都不錯，做附加價值高之產品。不過，他們冷鏈不發達，亦是限制因素。」[6]

6　訪談食品機械廠董事長所獲訊息。

伍、評估展望

　　從全球化角度觀察，臺商海外投資主要仍是基於獲取利益作為最優先考量，這其中不僅涉及投資區位、環境、優惠政策、人才引用與成本估算，亦有供應鏈的重組、市場競爭力和銷售通路，以及法制保障完善等因素。明顯的，對臺商遠赴非洲投資選擇而言，雖然不乏相對不利條件，以及外交孤立與投資欠缺保障之負面挑戰，但臺商在非洲新興市場投資仍具潛力。事實上，歐美日全面成熟與制度化的市場環境，也不盡然有利可圖。如何在相對不利且具風險條件下，尋找致富機會與具相對優勢的市場，應是全球化時代臺商新機遇和考驗。

　　赴相對陌生的非洲投資之臺商，除須有市場競爭力與扎實團隊外，亦應重點著力在地化布局與共生策略之思考。換言之，如何培養與重用當地優秀人才，以及建構認同臺灣企業形象與公益角色均有其必要性。事實上，跨界投資不可能長期且大量任用臺幹管理。因此，企業完善制度，並培養當地兼具優質、信賴及認同度之在地管理階層，仍有其必要性與功能性。此外，在地企業形象建立，包括環境訴求、公益捐助、提供就業機會、納稅貢獻、在地社會網絡友善，以及地方政府關係的互動，皆有必要做適度安排和落實。

　　臺商全球化布局非短線炒作，而採永續經營是重要策略與成功要素之一，但遠赴異鄉投資的臺商第二代接班意願相對低落。他們雖多有不錯的專業與學歷，但卻較安於現實與舒適圈，而較少有上一代拓荒與冒險精神。因此，部分臺商在非洲經營的事業，亦面臨後繼乏人接班的狀態。此外，臺商年輕世代雖有開創新事業的意願，但在缺乏資本、專業歷練與社會網絡背景下，貿然進軍非洲市場短期估難有成果。因此，未來臺商投資非洲要能成功，政府與民間部門宜相互分工協作，形成專業團隊、強化協力網絡與幹部梯隊、建構非洲市場參與平臺,以及人才在地化專業能力與認同提升,將有助於非洲臺商後續發展與永續經營的可能。

　　臺商的全球經營條件而言,由於臺商在跨界投資中得到政府的支援有限,加之我政府在非洲外交陷於孤立狀態,因而臺商在跨國市場經營便須展現其專業性與在地靈活性(包括人脈經營與市場運作能力);在政治上亦可能因場合、地域、身分不同而扮演更彈性之角色,事實上商人在全球經略上是無祖國的,而是以獲取利益為其最大目的。因此,在跨國第三地的互動中,較傾向不選邊站,但也不排斥與對手策略聯盟或有條件合作,這是臺商在跨界投資中必須面對的現實。部分臺商即曾表示:「大陸在非洲從事基礎建設,也是有利於他們商機的開拓與交通便捷」;「我們在當地工廠經營,也有和大陸企業策略聯盟,也雇用大陸籍幹部。」[7]

　　就兩岸體制運作比較而言,中共在以黨領政與國家資本主義(State capitalism)運作,尤其是在「一帶一路」政策積極運作,以及掌握非洲外交優勢下,滿足非洲國家領袖偏好、金援與建設承諾,往往能深入非洲國家建設,擴張中國政經影響力,甚至以置換各項礦產和稀有資源,抵償難以歸還之中長期貸款與建設經費。儘管中共之作為不乏剝削與掠奪,受到非洲人民與外界批評,但是非洲各國政治菁英與領袖,顯然對中共政權仍有較現實面的認同。美歐諸國近期雖有更積極作為和投資計畫,但顯難在短期內全面奏效,甚至有口惠但實未至之可能。此外,我方在中共外交孤立與體制侷限下,政府運作之空間有限,財務與市場運作亦欠缺靈活性與可操作性,勢必影響商務運作。這是吾人評估非洲經略必須面對之現實。

　　在評估非洲投資環境、優勢與挑戰下,臺商非洲投資應可在四大層面做出貢獻,其中包括:(一)農漁業生產,以臺灣農業科技與改良能力,

---

7　訪談非洲臺商所獲資訊。

依其氣候與土壤條件種植糧食與相關作物，將有助於中低階層解決溫飽、營養和改善貧窮之困境；（二）整合科技與民生、輕工業投資與生產，篩選具一定技術門檻與競爭力之產業和差異化商品，有助市場經營與非洲產業自主性提升；（三）環境治理與循環經濟之應用，亦即透過環保、有效生產與商業模式之規劃，運用當地低廉勞動、能源與環境關照，將有助循環經濟和商業價值之提升，並不造成當地環境負擔；（四）有別於歐洲殖民與中國投資之掠奪性作為和民怨叢生，吾人應著重思考在地共生、促成消費者、市場需求和資源共享，亦是全球跨界投資者應有的責任。對臺商而言，在地化與公益參與不僅是企業社會責任（Corporate Social Responsibility, CSR）的體現，亦是與當地政府和人民互動和信任的平臺，也是臺商事業經營有成的重要憑藉。

　　必須指出的是，無論是政府政策性投資或是民間公益活動之落實，皆須以市場導向與利益獲取為前提，才可能永續經營與互惠鞏固。換言之，在全球化競爭與國家資源有限前提下，透過市場評估、在地共生，以及互惠機制的有效運作，將有利於促成臺非雙邊經貿利益的拓展，規避可能經貿風險與損耗，以及可持續發展的驅力和動能。另一方面，慈善公益活動亦不可能長期仰賴政府資助與社會捐獻，而須有面向市場商機創造、成本控管與具市場競爭力的商業模式，始能持續性創造與挹注公益和善意作為。對臺灣參與非洲市場與商機成員而言，我們不要成為剝削者和掠奪者角色，而應以分享者、貢獻方落實在地共生、永續經營理念，爭取非洲人民認同與利益共享。

參考文獻

一、英文文獻

Jan Johanson and Vahlne Jn-Erik, 1990,"The Mechanism of Internationalization," *International Management Review,* 7(1990), pp.11-24

Jan Johanson and Vahlne Jn-Erik, 1997, "The Internationalization Process of the Firm: A Model of Knowledge-Development and Incensing Foreign Market commitments, " *Journal of International Business Studies*, 8(1997), pp.23-32

Kenichi Ohmae, 1990, "Borderless World: Power and Strategy in the Interlinked Economy", London: Collins.

Kenichi Ohmae, 1995, "The End of the Nation State: The Rise of Regional Economics", London: Harper Collins, pp.25-44.

Ku, Ying-Hua, 1999, "Economic Effects of Taiwanese FDI on Host Countries," in Tain-Jy Chen (ed.) *Taiwanese Firms in Southeast Asia*, Chelterham, UK: Edward Elgar.

P. L. Knox, 1995, World Cities in a World-System. In P.L. Knox & P.J. Taylor (Eds.), *World Cities in a World-System*, UK: The Cambridge University Press.

Philip Cooke and Peter Wells, 1992, "Globalization and its Management in Computing and Communications" in Philip Cooke et al., eds., *Toward Global Localization: The Computing and Telecommunications Industries in British and France*, London: UCL press, pp.61-78.

二、中文專書及期刊

Frank Sieren, Andreas Sieren 著，張綱麟譯，2017，《爭奪非洲──中國如何取得非洲的入場券》，新北：遠足文化事業。

Juan Pablo Cardenal, Heriberto Araujo 著，譚家瑜譯，2013，《中國悄悄占領全世界》，臺北：聯經出版。

王曉紅，2019，〈中國對非洲投資：重點、難點及對策——對尼日利亞、迦納、岡比亞、埃及的調研〉，《全球化》，2019 年第二期，頁 41-51。

周素卿、陳東升，2002，〈臺商的歷史、性格與未來發展〉，蕭新煌、王宏仁、龔宜君編，《臺商在東南亞：網絡、認同與全球化》，臺北：中央研究院亞太研究計畫。

張家銘，2006，《臺商在蘇州——全球化與在地化的考察》，臺北：桂冠，頁 89-91。

陳添枝、顧瑩華，2008，〈全球化下臺商對大陸投資策略〉，陳德昇編，《全球化下臺商對大陸投資策略》，臺北：印刻，頁 13-40。

經濟部，1997，《中華民國、臺灣地區製造業對外投資實況調查報告——中華民國八十五年調查》。

鄭陸霖、徐進鈺，2001，〈打開全球在地化：概念、動態、與緊張〉。未發表論文之文稿。引自周素卿、陳東升，2002，〈臺商的歷史、性格與未來發展〉，蕭新煌、王宏仁、龔宜君編，《臺商在東南亞：網絡、認同與全球化》，臺北：中央研究院亞太研究計畫，頁 39。

嚴震生，2009，〈匠人所尋的石頭，已成了房角的頭塊石頭〉，《黑暗大布局》，Beuret de Michel, Michel, Serge and Woods Paolo 著，陳虹君譯，臺北：早安財經。

三、網路資料

刁曼蓬，2019，〈屯墾非洲的 8,000 臺商傳奇〉，《工商時報》https://www.chinatimes.com/newspapers/20190522000281-260210?chdtv，檢索日期：2020 年 12 月 4 日。

自由時報，2021，〈抗衡中國一帶一路！歐盟擬投入近 9.5 兆幫助發展中國家〉，《自由時報》，https://news.ltn.com.tw/news/world/breakingnews/375370-0，檢索日期：2021 年 12 月 7 日。

自由財經，〈美非發大財！美「非洲繁榮戰略」擬 2025 年翻倍雙邊貿易投資〉，《自由財經》，6 月 19 日。

李言，2021，〈布林肯：現在該轉變對非洲的看法了〉，《大紀元》，https://www.epochtimes.com/b5/21/11/19/n13386869.htm，檢索日期：2021 年 12 月 1 日。

美國之音，2021，〈布林肯訪問塞內加爾，重申夥伴關係〉，《美國之音》，https://www.rfi.fr/tw/%E7%BE%8E%E6%B4%B2/20211121-%E5%B8%83%E6%9E%97%E8%82%AF%E8%A8%AA%E5%95%8F%E5%A1%9E%E5%85%A7%E5%8A%A0%E7%88%BE%EF%BC%8C%E9%87%8D%E7%94%B3%E5%A4%A5%E4%BC%B4%E9%97%9C%E4%BF%82，檢索日期：2021 年 12 月 1 日。

張佑生，2021，〈歐盟推「全球門戶」計畫〉，《聯合報》，2021 年 12 月 2 日。

張柏漪，2021，〈G20"非洲倡議"會議召開默克爾呼籲推動在非洲投資和疫苗分配〉，《央視網新聞》，http://m.news.cctv.com/2021/08/28/ARTItfEmZ0S1e1bzdV1o25od210828.shtml，檢索日期：2021 年 12 月 10 日。

楊明娟，2021，〈暗批中國基礎建設計畫 布林肯：美國能讓非洲實質獲利〉，《法新社》，https://www.rti.org.tw/news/view/id/2117323，檢索日期：2021 年 11 月 30 日。

楊舒晴，2020，〈中油查德礦區寫新歷史 當初不被看好最後挖出石油〉，《中央社》，https://www.cna.com.tw/news/firstnews/202011130319.aspx，檢索日期：2020 年 11 月 23 日。

經濟部投資審議委員會、中華經濟研究院，2020，《2020 年對海外投資事業營運狀況調查分析》，https://www.moeaic.gov.tw/news.view?do=data&id=1490&
lang=ch&type=studyReport。

鄭明達，2021，〈第一觀察｜面向 53 個非洲國家，習近平主席再提這一倡議〉，
《新華網》，http://www.news.cn/2021-11/30/c_1128117658.htm，檢索日期：
2021 年 12 月 1 日。

臺商非洲市場經略與布局：
農業與科技的運用實務

陳加忠

（中興大學特聘教授兼非洲研究中心主任）

摘要

　　本研究之目的是以臺商於非洲市場的經略與認同為主題，提出非洲市場於二十一世紀的演變。由此臺商於非洲市場之經略將由貿易商角色，逐漸成為生產者的角色。而產業發展方面，以臺灣的農業為著力點，討論COVID-19 疫情的非洲經濟面與農業生產面之影響，以此探討臺灣農業於非洲發展之契機。其關鍵點係以科技農業為基礎，建立系統化與完整化的整廠輸入方式以立足非洲。此研究針對臺灣農業科技在非洲的運用實務，以史瓦帝尼的蔬菜生產與索馬利蘭的畜產業做為實例，以具體說明臺灣農業於非洲發展之契機。以臺商在非洲的發展經驗，針對發展從事農企業的次序建議如下：先選定農業產業（包括農畜漁業），必須具有專業可行及市場利潤兩個基本條件。此外考慮如何建立團隊；如何結合當地資源；如何在臺灣建立產業示範鏈；如何在臺灣建立人才培育中心等需求條件。

關鍵詞：臺灣、非洲、農業科技、農企業

壹、前言

　　非洲占全球總陸地面積的 20.4%，人口約為 12.5 億（截止到 2018 年），同時也是人口第二大洲和第三世界國家主要區域。面積 3,032 萬平方公里，大約為美國或中國大陸的三倍，臺灣的 845 倍。54 個國家總人口大約美國的 3.8 倍或中國大陸的 90%。2016 年非洲國民生產毛額 2.426 兆美元，占全球的 3%（維基百科，2021）。

　　非洲境內物產及礦藏資源十分豐富，產值高達 2.5 兆美元。近年來經濟成長相對於全球平均水準更為強大。根據國際貨幣基金的統計，非洲於 2009-2018 年期間平均經濟成長維持在 3.9%，高於同時期全球 3.44% 的平均成長水準。原來預計至 2023 年仍可維持 4% 左右的成長動能，可作為未來全球發展潛力的主要區域市場。然而 2020 年爆發的新冠肺炎疫情，對此地區經濟發展產生致命性打擊。

　　非洲地區經濟規模尚屬發展階段，各項產品如民生、家電用品和機械設備等多須仰賴進口。製造業基礎相對薄弱。農業生產技術上待加強。因為國際產業中資訊與通訊技術之突飛猛進，已為科技之直接應用提供機會，可以跨越方式（leapfrog）進入現代化。

　　非洲可區分成四個不同經濟體（Leke, Lund, Roxburgh, and Wamelen 2010; Mckinsey Global Institute 2016; Pilling 2019）。

一、多元化的經濟，非洲的增長動力：

　　非洲大陸四個最先進的經濟體國家為埃及、摩洛哥、南非和突尼西亞。其製造業和服務業合計占 GDP 的 83%。自 2000 年以來，建築、銀行、電信和零售等服務占其增長量的 70% 以上。四個國家 GDP 波動性小。有了國家發展需要的成分，更可進一步擴展。它們與全球經濟緊密聯繫。

二、石油出口國：

非洲的石油和天然氣出口國通過多元化促進經濟增長，人均 GDP 高，但是其生態多樣化程度最低，貧富不均也十分嚴重。這些國家包括阿爾及利亞、安哥拉、查德、剛果、赤道幾內亞、加彭、利比亞和奈及利亞。上漲的石油價格提高了其出口收入。自 2000 年到 2008 年，三個最大的生產國（阿爾及利亞、安哥拉和奈及利亞）的石油出口收入為一兆美元，而 1990 年代僅為 3,000 億美元。

三、轉型經濟體：

以當前收益的基礎，在非洲推動轉型的國家包括：喀麥隆、加納、肯亞、莫三比克、塞內加爾、坦尚尼亞、烏干達和尚比亞。這些國家人民平均所得與國內生產總值低於前述兩類國家，但已開始增加多樣化來源。其中有些國家已逐步落實，有些國家則已更加多元化發展，例如肯亞和烏干達等國。有些國家則嚴重依賴某一種商品，例如尚比亞的銅或莫三比克的鋁。

四、轉型前經濟體：

屬於轉型前階段的經濟體，包括剛果民主共和國、衣索比亞、馬利和獅子山等。這些國家非常貧窮，人均國內生產總值只有 353 美元。一些國家，例如衣索比亞和馬利，生產品來源稀少且農村人口眾多。在 1990 年代遭受戰爭破壞的國家人口又開始增長，許多過渡前經濟體現在正在迅速發展。三個最大的國家（剛果民主共和國、衣索比亞和馬利），在 1990 年代完全沒有增長，自 2000 年以來經濟平均每年增長 7%。但是它們的增長有時仍不穩定，且可能再次動搖。

除了第一類屬多元文化與經濟的四大國家，非洲國家所共同面對問題如下：

1. 經濟規模小。

2. 經濟結構單一。

3. 國民所得不高。

4. 國內市場狹窄。

5. 勞動生產力低。

6. 技術人力低。

7. 資金與技術缺乏。

8. 基礎設施（交通、電信……等）薄弱。

非洲傳統經濟的型態如下（Kevane 2008; Oluwabamide 2015）：

1. 輸出原料：礦產、能源與經濟作物，例如石油、黃金、鐵礦、錫礦、鋁土、咖啡、棉花、橡膠、可可等。

2. 輸入各種產品：民生物資、機械、電機、化工、資訊、通訊等。

這樣的輸出輸入方式為造成非洲各國貧富不均之根源。少數人擁有了資源，可以換成現金，以購入大量國外產品。而無資源的民眾則成為貧民。這種兩極化只有在產生製造業與服務業之後，形成中產階級，才有機會得以改變。

21 世紀之後，非洲面臨三大問題：全球化競爭、都市化與氣候變遷圈。而在 2010 年之後，因為國際資源市場平緩，非洲經濟發展也逐漸趨緩。於 2020 年開始，疫情對於非洲各國的健康層面與經濟層面產生直接影響。

撒哈拉以南非洲地區（SSA）占全球人口的近 13%，農村社群在貧困和營養不良中的人口比例仍然很高。在撒哈拉以南非洲，農業仍然是大多數農村人口的主要謀生手段和維持糧食安全的產業。SSA 的氣候條件本來就利於多種作物的種植，農業生產主要依賴雨水，只有少量的灌溉土地。在過去的 24 年中，西非占有撒哈拉以南非洲地區農業總產值的 60% 以上，但土地退化和氣候變化現在對於農業構成了威脅。由於非洲國家的 COVID-19 活動限制，這種情況已經惡化。封鎖活動與限制措施增加了近十三億非洲人面臨的困難。非洲各國為因應農業問題，於 2014 年共同發表《馬布多宣言》（African Union 2014），但是至 2020 年尚未實施。

貳、COVID-19 對非洲市場的影響

在 2020 年 2 月之後，由於新冠肺炎對非洲之影響，暴露出非洲對於醫療的根本問題（Mulozi 2021），包括：1. 醫療體系不足，2. 資訊收集判斷不透明，3. 政府體系對災難之應變能力不完備，4. 對於疫情趨緩之後的重建無具體方案，5. 政府、社會機構及相關組織等，對災害的應對能力遲緩（Mulozi 2021）。

當前的 COVID-19 病毒對小農戶的影響是前所未有的。非洲農村農民的經濟中已經開始感受到這種影響。撒哈拉以南非洲大多數人口的糧食安全和收入，依賴自給自足的小規模農業。在該區域許多國家，農業部門受到不利的影響包括政策對該部門預算撥款不足和乾旱的限制（Ayanlade and Radeny 2020）。

在 COVID-19 傳播至撒哈拉以南非洲之前，農業部門就一直承受著巨大的壓力，前幾年收成很差。農業受到限制原因是缺乏適當的市場營銷、儲存、運輸和融資管道。因此，COVID-19 的產生不僅對糧食安全和農村農民的收入構成了嚴峻的挑戰，而且對整個撒哈拉以南非洲經濟構成了嚴

重問題（Ayanlade and Radeny 2020）。

　　COVID-19 大流行帶來的負面影響包括（Gilbert 2020; Selassie and Hakobya 2021）：

一、對生產和生產力的影響

　　農田工作主要依靠當地社區和村莊負擔得起的僱用勞動力。現在農民必須在家，以免觸犯法律。這種情況對農業生產水準和生產力產生了巨大影響。

二、速度慢或交通不便

　　農產品從農村向城市中心的轉移受到危機的嚴重影響。農民的園藝產品和季節性玉米由於 COVID-19，農民很難將其產品推向市場。

三、市場價格差

　　農民期望需求理論對他們有利。不幸的是農產品的價格並沒有增加。一些城鎮正在對人員流動進行封鎖。這種情況導致番茄、水果和蔬菜等許多產品銷售遭到破壞，最終造成收入損失。

四、COVID-19 防疫方法的不穩定或更改

　　撒哈拉以南非洲政府通過其衛生部向民眾提供有關 COVID-19 大流行的每日簡報。並沒有很好地反映在商品和服務的營銷以及金融市場的價格，並造成了經濟不穩定。病毒 COVID-19 出現以來，美元兌換的貨幣匯率就變得非常高。

　　撒哈拉以南非洲國家採取的活動限制與大多數主要糧食的播種期相同。這些措施影響撒哈拉以南非洲的重要主糧，加劇許多國家的糧食安全。要在撒哈拉以南非洲地區實現充足的糧食供應，就需要制定更好的政策和方案，以應對減少 COVID-19 大流行後飢餓的挑戰（Ayanlade and Radeny 2020）。

　　撒哈拉以南非洲（SSA）是最容易受到 COVID-19 的社會和經濟影響的地區。SSA 的嚴重危機歸因於以下幾個原因：在許多撒哈拉以南非洲國家，衛生設施較差、檢測能力不足、及時發現和應對 COVID-19 病例的能力較低（Akinseye et al. 2016; Nyagumo et al. 2017; Gilbert 2020; Anoba 2020）.

　　對糧食安全的顯著影響來自於各國實施的活動限制時期（完全和部分封鎖）與該地區大多數主食作物的播種期（農業行事曆）相同。特別是 3 月和 4 月，這是一些撒哈拉以南非洲的重要糧食作物播種日期。種植行事曆，其種植時間有時間和空間變異（Akinseye et al. 2016; Nyagumbo et al. 2017; Srivastava et al. 2017）。經歷的這幾個月的播種延遲，嚴重影響農作物生長並導致全年糧食短缺。許多農民在封鎖期間無法獲得關鍵生產資材。這將對 2020-2021 年的農業生產產生負面影響（Gourlay, Amankwah, and Zezza 2021）。

參、非洲市場經略與臺灣機會

　　依據非洲面對的問題，思考臺灣產業進入的機會。從系統性、整體性、結構性這三個方向進行思考。

一、基本思考

（一）非洲的機會是什麼？

　　商業活動不能停止於原物料輸出、民生物資輸入之型態，必須建立製造業與服務業，如此才能協助中產階級興起。臺商應藉由世界工廠轉移的機會，在非洲各地投入製造業與建立服務業，亦即臺商不能只停留於貿易商的角色，應進而成為非洲當地產業的參與者與促進者。

（二）非洲的限制條件有哪些？

　　非洲除了本身原有的基本問題，在此次疫情大流行期間，非洲突顯出的根本問題還有那些？

（三）臺灣產業要如何進入？

　　臺灣產業的優勢及特色是什麼？如何在非洲發揮臺灣的影響力？

（四）中國南南計畫之成效與問題。這是進入非洲必須面對正視的問題。

（五）臺灣能否發揮槓桿效應？

　　如何以小博大。臺灣唯一的方式也是可行的方式，是以專業能力進入此市場。

　　非洲要永續成長，不能再過度依賴礦產品或原物料生產，因為十分容易受到價格波動等不利影響。非洲過去經濟成長主要依靠原物料的生產及出口，但由全球的經濟發展經驗顯示，必須先解決糧食問題，而配合多角化發展製造業及服務業，方能促使經濟永續成長。

二、臺灣產業進入非洲的機會

（一）自貿易商至生產商

臺灣商人在非洲，原來主要身分為貿易商。其產業模式是在非洲購入原料例如農產、水產、礦石、能源等，再轉賣至西方國家。以及由歐美或東亞國家輸入民生、電器等用品，再賣至當地市場。這種方式進入門檻不高且競爭者眾多。而在 21 世紀的臺商自我定位則是藉由生產與製造提升產品價值。例如莫三比克之腰果，如何將其加工成食品？迦納的原料林木與竹材，如何加工成為工業產品？換言之臺商將需要逐漸自貿易角色轉變成為生產角色。

（二）非洲國家經濟發展條件

以當下非洲現況做分析，未來的發展條件應包括：

1. 發展二、三級產業。由原料供應業升級為製造業與服務業，提升產品產值。原農業、礦業等都必須自一級產業持續進步發展至加工型產業。

2. 後發先至，直接引入。例如引入金融網路與資訊產業的直接應用，以縮短學習時期。

3. 中產階級之內需市場。唯有建立中產階級，才能對其社會、經濟與政治形成安定力量。

4. 城鎮建立。在農村與大都市之間建立中型城鎮，以紓解大都市過度龐大的食物供應、交通、衛生與安全問題。

（三）中國南南計畫之影響

中國介入非洲已有二十年以上，其根基分布非洲各角落，因此必須對其內容有所了解（Brautigam 2010, 2011）。中國資金的高度介入，對非洲之影響應以三方面加以探討：

1. 中國在當地建立的硬體架構，對非洲已有的基本建設與產業投入內容。

2. 中國在當地的技術引入，已在當地推展技術及進行人才培訓。

3. 中國在當地的實質效益，對當地經濟之影響

由於冠狀病毒，使得大宗商品價格暴跌，中國對非洲浪費了 2000 億美元的投資和貸款。中國在非洲的商業活動，如投資，基礎設施項目和銀行貸款，長期以來一直受到審查和批評。批評者指責北京實行一種新型的經濟殖民主義，使得毫無戒心的非洲國家陷入所謂的債務陷阱，再由此控制非洲大陸的寶貴自然資源（**Pei 2020**）。

在全球經濟危機中，非洲發現的石油、銅和礦產價格暴跌。中國資助的項目前景黯淡。自 2000 年代初以來，中國正面臨越來越大的壓力，被要求免除向非洲國家提供的數百億美元貸款。新冠肺炎爆發期間，對於在中國的非洲居民的虐待激起了種族主義的呼聲，並引發了針對北京的外交抗議。自 1990 年代初以來，中國快速的增長引起了對石油和地下礦產的巨大需求，而非洲似乎是一個完美的選擇。因為歐美主要的跨國公司對非洲大陸的控制力很弱，而北京很容易以更高商品價格出價來獲得礦山和石油的股權領域。由於時機不佳，中國在非洲的賭博也失敗了。那次是在中國高度需求的驅動下，它進入非洲大陸的時間恰逢是商品需求超級週期的頂峰，那時原物料價格飛漲。結果中國公司為商品價格高昂而付出了代價。

如今冠狀病毒的爆發將摧毀非洲脆弱的經濟和社會。由於該病毒對非洲的經濟影響，中國不太可能收回其大部分的投資或貸款（**Pei 2020**）。

（四）臺灣之強項條件

臺灣產業想要進入非洲，首先必須了解臺灣本身的強項條件，針對可

輸出之產業，以整廠輸出方式來建立完整生產鏈。而不再是單打獨鬥，不能只是出口各類零星機件，在一個貨櫃內裝載各種貨品等一次性貿易。在引入商業生產鏈之前，更需要先進行生產前端之資訊調查與生產後端的市場行銷資料。以機械工業為例，歐美日本代表高端、高價產品，中國代表低廉而低品質之產品。臺灣工業製造產品如果品質和性能不遜於歐美，而成本介於歐美與中國兩者之間即有競爭力。

以經濟部投資業務部編印的《肯亞投資環境簡介》（經濟部 2019）資料所顯示：「印度商人與肯亞商人對臺灣機器產品印象很好，認為品質優良，不輸歐洲同級產品，而價格則僅為其二分之一或甚至僅三分之一。中國大陸機器價格雖然比我們機器便宜，惟品質不可靠，較不受青睞。」由此可知，臺灣工業實力以單項機具為例已有國際競爭力。如果能夠自單一機具進階成為整廠輸出，則更能提升競爭力。在食品機械中，由於中國封口機械氣密性能不足，容易造成產品汙染。也因技術層面之考量，臺灣食品機械之封口機，在非洲有其特殊需求性。

（五）臺灣如何與非洲接軌

共有 54 個國家的非洲，其面積與人口分別為臺灣的 845 倍與 67 倍。臺灣產業無法全面性投入，而必須有所取捨，要以最小的投入，得到最大的收益。此最小投入代表人力、資金、空間、時間等最適宜的投入量，因此成敗關鍵在於投入技術的精準程度。以技術之可行與精準投入使用，將專業技術建立於適合地區。由於非洲資源尚未完整開發，可以結合當地各項資源為開始，善用當地資源。

那麼臺灣與非洲的連結要如何開始。首先是指標國家與產業之選定。包括：1. 確立工作項目。2. 選擇實施國家。3. 擬定短程、中程與長程目標。

在國家選定中，選擇指標需要考慮其經濟發展之基礎條件。最重要為政局安定與投資有保障（法令制度）。國內各單位對非洲國家之投入選擇，現有相關評估報告的指標主要有經濟成長率（GDP）、FDI 流入值、國民所得等指標。這些指標有其重要價值，但也忽略了一些產業需求與發展面。因此結合國家（地區）與產業（技術）的雙重條件，有關發展產業的地理位置應考量如下因素（Agrimall 2021）：1. 政治安定性，2. 交通位置，3. 人力資源（數目、程度），4. 資源取得

　　由上述之討論，可用以評估臺灣農業技術在非洲可投入之機會。

肆、非洲農業的現況與發展契機

　　在過去五年中，非洲每年平均進口價值 720 億美元的糧食，比緊接 2011 年世界糧食危機之後的年份每年減少約 100 億美元。由於自然資源（包括石油、黃金和鑽石）和經濟作物（包括可可和咖啡）的出口收入。有些國家有能力用進口糧食替代國內生產，但對整個非洲大陸卻沒有辦法供應全部所需糧食，有 40% 以上的人口仍生活在國際貧困線以下（Smalley 2014; Bolwig, Gibbon, and Jones 2009; Kaminski and Thomas 2011）。

　　糧食安全進展緩慢的原因是農業資源生產率低、人口增長快、政治動盪和內亂以及主要穀物低產量。這代表在非洲平均攝入熱量為全球平均值 50%，生產數量方面的總體增加 30%。從 2009 年到 2018 年，小麥產量平均每年增長 2.4 %，在此期間用共增加了 13%。米飯生產量也有所增加，從 23300 萬噸至 32200 萬噸，但是平均產量下降 11%。2017 年玉米產量達到 7900 萬噸，而 2009 年為 6000 萬噸（Sakho-Jimbira and Mathie 2020）。

　　非洲的玉米和水稻產量水準與世界平均水準之間仍然存在巨大差距。總體而言，亞洲和南美國家產量 2.6 倍，而北美的六倍。每公頃平均產量在亞洲是二倍，並在北美 3.7 倍。在過去十年中，非洲玉米和水稻產量水

準的提高相對停滯。2011 年小麥產量曾經增加至世界水準，但在過去幾年中仍略低於世界平均水準（Kaminsji and Thomas 2011; Goedd and Pais 2019）。

按照非洲開發銀行統計，非洲其糧食消耗熱量有三分之一都是進口的。2019 年總體而言，糧食進口增長率在過去的十年平均為 3%（Rakotoarisosa, Iafrate, and Pachali 2012）。非洲內部區域內食品貿易額仍然很低。從非洲的進口食品與來自世界其他地區的進口總額相比，所占比例 2001 年為 17.4%，2008 年為 12.6%，而到 2019 年提高到 15%，代表非洲日益依賴進口食品。儘管非洲各地的生產條件存在眾多差異。大多數地區和部門的一些重要顯著特徵，解釋了非洲在農業方面的總體表現（AfDB, OECD, UNDP 2016; Bolwig, Gibbon, and Jone 2009; Kaminski and Thomas 2011）。

從 2010 年到 2016 年，生產總值增長 11%，但增長主要是通過持續擴大生產面積而實現，而不是生產率的提高。在過去三十年，非洲每個農業工人的生產力增加 1.6 倍，亞洲增加 2.4 倍。生產率低下可歸因於小規模生產，以及無法獲得改良種子和設備，肥料和農藥等提高生產率的投入。低生產率和產量差距是中小型農民面臨的主要限制因素（Ameyaw and Jayne 2016）。

相反，在高度整合的價值鏈、成熟的外包系統和充足的投資，進行大規模生產，產量得到了提高，出口能力得到了提高，例如南非的家禽或肯亞的園藝部門。但是在大多數非洲國家，低水準的生產力導致了競爭力的降低。

非洲在生產的加工階段也缺乏競爭力。根據國際貿易中心（International Trade Center）關於非洲農產品出口的數據，2019 年的腰果、芝麻和茶葉中只有不到 2% 作為加工產品出口；約有 6% 的咖啡豆作為加工產品出口。更令人擔憂的是，從 2010 年到 2019 年，所有產品的加工出口總值，未加工和半加工出口總值的比率呈下降趨勢（TechnoServe 2017）。

在新興的中產階級的推動下，人均收入的平行增長引發了飲食結構的改變（Smalley, R. 2014）。到 2010 年，非洲開發銀行估計，非洲大陸的中產階級占其總人口的三分之一以上。人均收入的增長導致飲食發生顯著變化，包括從澱粉類主食轉向高價值的易腐產品（如乳製品，肉類和園藝）的多樣化發展，以及對預製食品和加工食品的需求不斷增長。在努力為不斷增長的城市食品市場供應產品時，非洲的農民、農企業和政策制定者面臨許多挑戰。在土地壓力增加和工資水準上升的情況下，農民必須找到加強糧食生產的方法（Gashu, Demment, Stoecjier 2019）。

農業需要實現生產多樣化，以適應對高價值容易腐爛食品（如家禽、奶製品、牲畜和園藝產品）的不斷增長的需求。面對從國外進口的食品不斷增加，非洲必須設法降低國內生產、儲存和分銷成本，以保持與外部供應商的競爭力（Kaminski and Christiansen 2014）。

非關稅措施是非洲農業貿易的另一個巨大障礙。由於基礎設施差，燃料成本高和內部貿易壁壘，非洲境內每公里的貿易成本仍然很高。最近對撒哈拉以南非洲 42 個國家的研究發現，中間貿易成本比世界其他地方高出五倍以上。

實現非洲的全部農業潛力將需要大量投資（Goedde, Ooko-Ombaka, and Pais 2019），撒哈拉以南非洲將需要八倍的肥料、六倍的改良種子，至少 80 億美元的基本倉儲投資（不包括園藝或動物產品的冷鏈投資）以及多達 650 億美元的灌溉以實現農業承諾。還需要大量投資基礎設施，例如道路、港口和電力、政策和區域貿易流量改善。

伍、臺灣農業科技在非洲的運用實務

一、臺灣農業的優勢與局限

臺灣農業援外的檢討如下：

我國於 60 年退出聯合國，外交環境日漸艱困，美國也於 62 年停止援助先鋒案經費，農耕隊被迫逐漸退出非洲各國，僅在部分與我國有正式外交關係的國家保留農技團，繼續進行外交工作。派駐到非洲的農耕隊在威權時期的印象是在非洲大陸創造奇蹟，為中華民國維持與非洲友邦的友誼，也因此鞏固中華民國在聯合國的代表權。報導中的農耕隊在非洲大陸創造出不可能的事件，例如在沙漠中種出水稻，臺中秈稻在非洲產量高於臺灣原產地，在史瓦濟蘭種出 8000 公頃以上稻田，每公頃產量是超過 6,000 公斤。這些報導是否正確？對於現在農技團在有限邦交國的影響又是如何？

國發會檔案管理局一篇文章〈沙漠奇蹟——海外農耕隊〉其評論如下（鄒念宗 2013）：「當年，於非洲派駐農耕隊之主要目的，大多是為爭取非洲新獨立國家在聯合國大會投票支持我國，致使獲得援助與技術者多為受援國之高級官員與相關人員，未能對非洲農民造成實質利益，同時也因為經費與技術門檻，不易由當地農民所複製，以致農耕隊的成果多數未能留存，為當時農耕隊局限之處。」

農耕隊在非洲的工作與實質影響已有詳細研究（王文隆 2004, 2014; 劉曉鵬 2005, 2009, 2012, 2016）。在農委會的檢討文章中（王明來 2005），針對臺灣農業援外的成效與前景提出八項檢討：

（一）推動計畫宜由點而面，以示範方式，擴大推廣效果

在選定發展的產品時，應衡量其市場經濟情況，選擇具有發展潛力，在自然氣候環境下該地生產具有競爭優勢者生產，當易於推廣，事半功倍。

（二）應建立整體的產銷制度，只顧生產不管運銷將無法推廣生產

非洲國家農業的一個特殊現象是生產出來之產品通常無法銷售出去，導致產品任其腐爛，實為浪費可惜，也無法提供農民再生產的誘因。

（三）提升援助層次，由技術面提升到政策面

一國之農業或經濟要有所發展，重要的是要有正確的政策，如要充分供應人民所需要的糧食，需要有糧食的生產、價格、庫存、銷售等等政策。

（四）長期性培育開發中國家農業人才，使其得以自行推動農業建設

（五）充分利用國際組織，以多邊方式達到援助效果

（六）整合國內農業援外資源，以發揮乘數效果

（七）正視我對外農業投資所達到之援外效果

如何善用我民間投資之力量作為援外之用，需要研擬適當的策略。

（八）以農業援外，協助推動「實質」外交

以往農耕隊與農技團的工作內容與工作成效，有其時代的使命，也有許多可檢討之處（陳加忠 2020；2021a）。然而面對二十一世紀的新農業要求，臺灣農業於非洲發展已不限於官方援助，而是以民間產業建立產

業。換言之，不再是以往「植物園、動物園、水族館」等形式（陳加忠 2021b），而是落地生產建立生產基地。

二、二十一世紀之新農業

面對 2020 年後的疫情變局，世界各國都在抗疫作戰，糧食安全已成為安定社會的基本手段。在疫情之後的重建，世界性農業應該是甚麼模樣？

（一）自給自足的農業將被企業生產所取代

自給自足是代表一個農家，自糧食、蔬果、動物性肉食等，完全農戶自己生產，以一部分與其他農戶交換。但是現代化的產業已經無法沿用此方式。自給自足的農業（Subsistence agriculture）往往是成本最低也是效率最低的生產方式。企業生產又稱 Agriculture-business, commercial agriculture, Agriculture enterprization。企業生產不是代表從事數百公頃至數萬公頃的土地，而是生產單一作物，安全生產是以科技化、商業化之方式從事農業，不是代表面積龐大（FAO 2017）。

（二）農業生產形成的三個主體（Jayne and Ameyaw 2016）

1. 糧食作物：水稻、小麥、玉米、大豆等。
2. 營養來源：植物性來源如蔬菜、水果等。動物性來源如同畜產與水產。
3. 經濟作物：例如茶、咖啡、可可、橡膠、油棕等。

（三）農業成為生態性、系統性、整合性的農業

不是單一土地與單一作物，而是以複合作物，農業、畜產、水產等整合生產。廢棄物即視為衍生物，可以處理再利用。在一個地區，一個國家或數個國家進行此種整合性生產（Headey and Layne 2014）。

（四）機械化與自動化農業

農村年輕勞力逐漸外移，都市化比例一定提高。農村將以老人、婦人與小孩為主要人口。有限人力之農業經營將以機械化與自動化為主（Jayne et al. 2003; Cockx et al. 2019）。

（五）全球化產業鏈之分工將有改變

不可能恢復過去完全自給自足，也不可能如 2019 年那種分工狀態。未來會有比例要求，一個國家除非島國、沙漠或是城市，否則會有自備供應鏈。糧食生產也是如此（Jayne et al. 2017）。

（六）全球氣候激烈變化與交互流動性

農業勢必自靜態被動型，朝向動態主動型，以預先規劃布置加以經營（Zougmore et al. 2018）。

三、開發中國家步入現代化農業之特點

（一）農村勞力，尤其是年輕人之流向都市化，土地繼承與產權歸屬將容易解決，因為土地代表資產的意義正在降低（Tschirley et al. 2015）。

（二）開發中國家藉由已開發中國家之錯誤經驗，可以縮短步入現代化農業之時程。例如過度使用化學藥劑、過度機械化、過度依賴單一作物，農、畜、水產三大產業不相連結。

（三）對於開發中國家之協助，必須跳脫以往經濟援助，派遣短期專家駐點型態。必須了解該國家之天然氣候與土壤條件，培育當地人才。對於已有之體制與單位，要加以活化與善用。

（四）自農業現代化開始以建設現代化國家（FAO & AU 2020）

1. 農業自最多人口比例，最低 GDP 人口比例，成為提升經濟之部門。

2. 農村可釋放更多人力至工商部門，而農村仍有充足人力。

3. 農業所得促使經濟市場活路，農村之購買力帶動民生工業、輕工業等。

4. 農業現代化同時維持生態環境，除了糧食安全、營養均衡、經濟收入還有國土完整之考量。

（五）2021 年疫情後的非洲農業發展

針對 2021 年疫情後的非洲農業發展，相關的關鍵背景如下：

1. 農業現代化

可發展的關鍵產品／產業有三項（Morsy, Salami, Mukusa 2021）：

a. 糧食作物。

b. 提供人體營養來源的相關產業（畜產、水產、蔬果）。

c. 高經濟作物（茶葉、菸草、特作等）。

相對應之技術為種苗選種與繁殖、機械化作業、採收後處理與永續生產。

2. 農業產業化：

由生產開始，並且進行加工與行銷（Agrimall 2021）。其農業產業化發展特色如下：

a. 農業非小農式自給自足，而是以農企業經營方式投入生產。

b. 整合性生產，一次到位，減少環境汙染。

c. 建立生產鏈：自原料、製造至行銷成為完整生產鏈。

d. 成立生產協會與加速商業化、現代化。

e. 協助建立生產制度。

四、史瓦帝尼的蔬菜生產

史瓦帝尼蔬菜生產之特別條件在於此國家有六個氣候區。因此同一作物可在不同地區，於不同月份栽種，形成終年栽培，穩定市場供銷。同時配合實施 1. 糧食生產：玉米單位面積產量現為 1200kg/ha，可以提升至 6000kg/ha（臺灣產量）。2. 農業衍生物（玉米梗，雞、牛屠宰後殘體），可以製作飼料。3. 雞、牛等排泄物可製作堆肥，再提供糧食作物使用。

史瓦帝尼此國家特色如下（Dlamini 2012）：

1. 國土分成四大氣候區，溫度變化不同。

2. 雨季分明，雨季與旱季。

3. 海拔 450-1800 公尺，有溫帶氣候與高冷氣候特徵。

4. 土壤不均一，已有調查紀錄。

5. 水利設施需要重建。

其行銷市場有三大區域（Langwenya 2014）

1. 內需市場。

2. 南非、莫三比克、波札那、辛巴威等鄰近國家。

3. 歐盟市場—南北氣候差異之特性。

史瓦帝尼蔬菜作物生產目前問題在於缺乏系統性連結（Xaba and Masuku 2013），需要建立系統性產業：1. 育種與選種，2. 種苗繁殖，3. 蔬菜生產，4. 採收，5. 選別分級，6. 冷藏包裝，7. 運輸，8. 市場行銷，9. 資材供應（肥料、化學品、農業機械等）。

臺灣針對史國蔬菜生產，可協助建立以下工作內容：

1. 種苗溫室規劃與建設。

2. 種苗溫室維護人員之人才培訓。

3. 灌溉、給肥系統。

4. 蔬菜栽培技術。

5. 蔬菜病蟲害結合管理技術。

6. 感測系統與生產數據的收集傳送與判別。

7. 資材（種子、肥料、化學藥劑、包裝材料等）之選用技術。

8. 採後處理與冷鏈（Cold chain）系統。

五、索馬利蘭的畜產產業

索馬利蘭畜產部門僱用了 70% 的人口，占 GDP 的 60%，占出口國外收入的 85%。綿羊和山羊為所有牲畜出口的 91%（Somalilandbiz, 2021）。索馬利蘭最重要的部門是畜牧業，該國畜牧業以牧業和農牧業為主。畜牧業是索馬利蘭的主要出口產品，伴隨著副產品，例如生皮和毛皮，而該國畜牧業發展重點（Misa et al. 2020; Mercy 2020, Magunieri et al. 2018; Muhumed and Yonis 2018）：

（1）通過增加投資與監管，基礎設施發展和部門協調，索馬利蘭有充足的機會利用中東和穆斯林世界其他地區的畜牧業增長，同時支持其自身不斷增長的本地需求。

（2）沙烏地阿拉伯對畜牧業的高需求的主要驅動力之一與齋月（穆斯林齋戒月）結束和麥加朝聖之旅的節日相關。沙烏地阿拉伯的這兩次宗教活動每年吸引來自世界各地的成千上萬的穆斯林。在此期間，綿羊和山羊的消費量很大。牲畜必須活著進口，以便在食用前可以根據伊斯蘭律法對其進行祝福和宰殺（Pfeifer et al. 2018）。

（3）2000 年以及最近的 2016 年，畜牧禁令的影響凸顯了依靠單一牲畜出口市場造成的固有風險和脆弱性。但是沒有其他國外市場像沙烏地阿拉伯那樣最適合索馬利蘭的牲畜。沙烏地阿拉伯的 Jizan 港口靠近Berbera，使其成為出口活體動物的理想目的地。

索馬利蘭面臨的挑戰首先是高度暴露在氣候變遷的威脅之下，牧民無法對畜牧進行保險與保護。其他限制畜牧業的發展潛力還有（Somalilandbiz 2021）：

1. 對動物健康缺少警覺與查看

大多數的牧民從未接受到與動物相關知識，牧民必須跋涉 25 公里以上的地方才能獲得有關動物健康的資材、藥物等。

2. 缺乏市場與供應鏈的知識

當天然牧場不足時，很少有給動物提供營養的飼料。牧民經常在遇險時出售，缺乏足夠的價格資訊，在乾旱時期幾乎沒有保險條款來維持生計。此外畜牧業出口部門實際上是被壟斷，因為它由少數幾家公司主導，導致牧民被迫降低了牲畜的價格。

3. 畜牧業基礎設施狀況差

肉品市場的加工作業者與零售商沒有足夠作業能力符合一般的食品安

全標準。有 14% 以上的肉品由於無法有效使用冷鏈而損失。在屠宰運輸與加工過程，其作業方式不良，導致肉品在市場上無品質差別。肉品高成本、低品質與不安全。畜牧業在體制上薄弱，包括有限的加工和存儲設施以及運輸方式。導致效率降低和物流成本增加。

臺灣畜產業有專業能力可以協助該國畜產部門現代化，針對上述問題，提出四個方法以促進畜產產業現代化：

1. 針對畜產家庭改進其最基本生產方式，藉由引入動物健康資材、獸醫服務，包括人工授精以改善游牧動物之基因品種。

2. 增加進入市場之路徑。針對牧民提供氣候智慧生產系統。促進自畜業到市場各項目智慧管理。建立游牧市場聚落，聚集牧民的牲口進行市場行銷。

3. 協助建設末端市場，加強加工與儲存部分，以促進廣泛的使用冷鏈與品質認證系統，以減少 14% 的損失與增加收益。

4. 增強消費者對於高品質且安全性肉品之需求，促使高端市場比例增加，加強消費者意識，藉由動物辦識系統與履歷系統。

5. 建設 Berbera 港的檢疫系統（Middle East Institute 2022）：

在 2014 年，從索馬利亞／索馬利蘭出口的 500 萬頭牲畜有 340 萬頭通過 Berbera 港。如果擴展基礎設施，可以提高港口的現有能力，以便在任何給定時間容納 100 萬隻動物進行隔離檢疫，外銷數字就會增加。此行業的增長空間以鄰國衣索比亞的肉類需求為例，此國家從 2016 年的 46 億噸預定將增加到 2030 年的 111 億噸。

6. 將廢物轉化為生物能源：畜牧業不僅僅是肉類來源，而且可將皮革轉化為皮革製品，將骨頭轉化為美容和衛生製品（Mtimet et al. 2018）。

六、其他國家的機會

1. 建立種源公司。種子與種苗系統（原原種、原種、種子等種苗繁殖公司）與組培苗系統（原種、組織培養苗、健化苗等組培公司）。

2. 建立農產加工業。以腰果為例，莫三比克盛產優質腰果，然而此國家未有大規模加工廠。腰果大多以低價出口到外國，經過乾燥、選別、烘焙、調味之後再進口回到莫三比克，成為原種植農戶購買不起的高級食品。此國家各種特產豐富，適合投入農產加工業來提升其附加價值。

3. 蔬菜與水果生產。配合非洲南北狹長分布，建立生產鏈。南半球之產區特別適合歐洲冬季市場。北非埃及沙漠綠洲，特別適合非疫點蔬果生產。

4. 水產產量。具有近海捕撈與內陸養殖兩大型態，自魚苗至產品加工，可建立完整生產系統。

5. 使用生質能源的稻穀加工設備。使用稻殼為能源的乾燥加工設備。

6. 藥用大麻等草藥栽培。以賴索托的大麻種植為例。此地原生植物繁茂，海拔高，土地沒有污染，而且由於氣候非常有利可以全年生長，此地陽光充足，濕度低，能夠加快植物的生長。特別適合中草藥生產（Gopaldas 2019）。

陸、結論

國際貨幣基金組織於 2020 年 6 月預估撒哈拉以南非洲經濟衰退 3.2%，這是在此世紀的第一次。由於人口增長，預計到 2020 年人均收入將下降 5.4%。儘管經濟衰退的程度不及歐洲，但是疫情對開發中的國家產生重大影響。由於 COVID-19，非洲有 2.7 億人遭受饑荒的威脅，這使 2020 年成為自第二次世界大戰以來狀況最糟糕的一年。

在這個時機點也是建立新市場的契機。如何加強臺灣與非洲的聯繫？臺灣農企業在非洲的發展機會，為善用臺灣農業技術能力與完整的產業規劃。此機會即是以技術本位，自最基本的資材輸入至最完整生產體系建立。農業生產不是零星的資材銷售，而是生產區的整場規劃與系統性輸入設備，包括協助建立生產區、資材供應、教育訓練、技術更新。

依臺灣於非洲的官方機構狀況，此研究以史瓦帝尼蔬菜產業與索馬利蘭的畜產產業兩項產業目標述明臺灣農業於此兩國的發展契機。針對非洲其他國家的農業機會，可進行建立種子與種苗系統與組培苗系統等種源公司，建立農產加工業，進行蔬菜與水果生產，建立近海捕撈與內陸養殖兩大型態生產鏈水產產業。

以臺商在非洲的發展經驗，針對發展從事農企業的次序建議如下：先選定農業產業（包括農畜漁業），必須具有專業可行及市場利潤兩個基本條件。此外考慮如何建立團隊；如何結合當地資源；如何在臺灣建立產業示範鏈；如何在臺灣建立人才培育中心等需求條件。

參考文獻

一、中文文獻

王文隆，2004，《外交下鄉，農業出洋：中華民國農技援助非洲的實施與影響，1960~1974》，臺北：國立政治大學歷史系。Wang, Wen-lung. 2004. Waijiao xiaxiang nongye chuyang: zhonghua minguo nongji yuanzhu feizhou de shishi yu yingxiang, 1960~1974. [Diplomacy Reaches the Countryside; Agriculture Goes Abroad: Practices and Influences of the Republic of China's Agricultural Aid to Africa, 1960~1974]. Taipei: National Cheng-chi University, 2004.

王文隆，2012，〈鋤犁拓邦誼：臺灣農耕隊在上伏塔的國民外交〉，《臺灣文獻》，
63（3）：1-26。Wang, Wen-lung. 2012. "Chuli tuo bangyi: Taiwan nonggengdui
zai shangfuta de guomin waijiao" [Love within Uncultivated Land ：The Citizen
Diplomacy with Friendship between Taiwanese and Burkinabé]. *Taiwan Archive
Quarterly* 63 (3)：1-26.

王明來，2005，〈臺灣農業援外的成效與前景〉，《農委會農政與農情》，
160：52-56。Wang, Minglai. 2005. "táiwān nóngyè yuánwài de chéngxiào yǔ
qiánjǐng", [The Effects and Prospects of Taiwan's Agricultural Aid to Foreign
Countries]. *Agricultural Policy and Agricultural Conditions of the Council of
Agriculture*, 160:52-56.

劉曉鵬，2005，〈回顧一九六〇年代中華民國農技外交〉，《問題與研究》，
44（2）：131-145。Liu, Hsiaopong. 2005. "Huigu yijiuliuling niandai
zhonghuaminguo nongjiwaijiao" [Reanalyzing Taiwan's Agricultural Diplomacy
during the 1960s]. *Wenti yuyanjiu* 44 (2)：131-145.

劉曉鵬，2009，〈非洲發展援助中的臺灣經驗：馬拉威的故事〉，《問題與研究》
4：127-151。Liu, Hsiaopong. 2009."Fēizhōu fāzhǎn yuánzhù zhōng de táiwān
jīngyàn: Mǎ lā wēi de gùshì" [Taiwan's Experience in Development Assistance:
The Story of Malawi]. *Wenti yu yanjiu* 48 (4)：127-151.

劉曉鵬，2012，〈農技援助之外：小中國對非洲的大想像〉，《臺灣史研究》19
（1）：141~171。Liu, Hsiaopong. 2012. "Nongji yuanzhu zhiwai xiaozhongguo
dui feizhou de daxiangxiang" [Beyond Agricultural Assistance: Little China's Big
African Illusion]. *Taiwan Historical Research* 19 (1)：141-171.

劉曉鵬，2016，〈一個刻版印象，兩種不同政策：比較兩岸在非洲的「神農」們〉，
《中國大陸研究》59（2）：1-35。Liu, Hsiaopong. 2016."Yīgè kèbǎn yìnxiàng,
liǎng zhǒng bùtóng zhèngcè: Bǐjiào liǎng'àn zài fēizhōu de `shén nóng'men".

[One Stereotype, Two Diverse Policies: Comparing Taiwan and China's "Gods of Agriculture" in Africa]. *Mainland China Studies,* 59 (2), 1-35.

經濟部，2019，《肯亞投資環境簡介》，臺北：經濟部投資業務部。Ministry of Economic Affairs. 2019. "Kěn yǎ tóuzī huánjìng jiǎnjiè" [Introduction to Kenya's Investment Environment], Taipei: Investment Business Department of the Ministry of Economic Affairs.

陳加忠，2020，〈非洲友邦的甘藷產業〉http://bse.nchu.edu.tw/new_page_111. htm 查閱時間 2021/04/20. Chiachung, Chen. 2020. "Fēizhōu yǒubāng de gānshǔ chǎnyè" [Sweet Potato Industry of African Friendship Country] (Accessed on March 20, 2021).

陳加忠，2021a.，〈農耕隊的神話與侷限〉查閱時間 2021/04/20.http://bse.nchu. edu.tw/new_page_27.htm Chiachung, Chen. 2021a." Nónggēng duì de shénhuà yǔ júxiàn", [The myths and limitations of the farming team]. (Accessed on March 20, 2021).

陳加忠，2021b，〈農業援外與植物園、動物園、水族館〉查閱時間 2021/04/20. http://bse.nchu.edu.tw/new_page_387.htm Chiachung, Chen. 2021b. "Nóngyè yuánwài yǔ zhíwùyuán, dòngwùyuán, shuǐzúguǎn" [Agricultural aid and botanical gardens, zoos, and aquariums]. (Accessed on March 20, 2021).

鄒念宗，2013，〈沙漠奇蹟 - 綠洲農業，海外農耕隊。國發會檔案管理局〉https://www.archives.gov.tw/alohasImages/77/search.html 查 閱 時 間 2021/04/ 15。Zou Nianzong, 2013, "The Miracle of the Desert-Oasis Agriculture, Overseas Farming Team. National Development Council Archives Administration" (Accessed on March 15, 2021).

維基百科，2021，〈非洲〉"Wéijī bǎikē, fēizhōu" https://zh.wikipedia.org/wiki/%E9% 9D%9E%E6%B4%B2 查閱時間 2021/04/20。"Wéijī bǎikē, fēizhōu" Wikipedia

Africa (Accessed on March 20, 2021).

二、英文文獻

AfDB, OECD, UNDP. 2016. "African Economic Outlook 2016: Sustainable Cities and Structural Transformation." https://www.afdb.org/fileadmin/uploads/afdb/ Documents/Publications/AEO_2016_Report_Full_English.pdf (March 19, 2021).

African Union. 2014. "Malabo Declaration on accelerated agricultural growth and transformation for shared prosperity and improved livelihoods." Malabo, Guinea Bissau: African Union. http://www.resakss.org/sites/default/files/Malabo%20 Declaration%20on%20Agriculture_2014_11%2026-.pdf. Accessed on 13 June 2017. (March 9, 2021).

Agrimall. 2021. "Eight Agribusiness And Food Opportunities In Africa Worth Pursuing In 2021." https://www.agrimall.com.gh/eight-agribusiness-and-food-opportunities-in-africa-worth-pursuing-in-2021/(March 13, 2021).

Akinseye, F.M., S.O. Agele, P. Traore, M. Adam, and A.M. Whitbread. 2016. "Evaluation of the onset and length of growing season to define planting date— 'a case study for Mali (West Africa)." *Theoretical and Applied Climatology,* 124: 973-983.

Ameyaw D.S. and T.S. Jayne. 2016. "Progress towards Agricultural Transformation in Africa. Putting it all together." In Africa Agriculture Status Report 2016, AGRA.

Anoba, Ibrahim. 2019. "How a population of 4.2 billion could impact Africa by 2100: the possible economic." The SAIS Review of International Affairs, Johns Hopkins University.

Ayanlade, Ayansina and Maren Radeny. 2020. COVID-19 and food security in Sub-Saharan Africa: implications of lockdown during agricultural planting seasons *npj*

Science of Food, 4:13；https://doi.org/10.1038/s41538-020-00073-0 (March 20, 2021).

Bolwig, S., P. Gibbon and S. Jones. 2009. "The economics of smallholder organic contract farming in tropical Africa." *World Development,* 37(6):1094-1104.

Brautigam, Debarah. 2010. *The Dragon's Gift: The Real Story of China in Africa.* Oxford University Press 2010.

Brautigam, Debarah. 2011. *Will Africa Feed China?* Oxford University Press.

Cockx, L., L. Colen, J. De Weerdt, Y. Gomez and S. Paloma. 2019 "Urbanization as a driver of changing food demand in Africa: Evidence from rural-urban migration in Tanzania." EUR 28756 EN, Publications Office of the European Union, Luxembourg, doi:10.2760/515064, JRC107918.

Dlamini, B.P. 2012. *Analysing the competitiveness of the agribusiness sector in Swaziland.* Ms. Thesis. University of Pretoria.

FAO, 2017. "The Future of Food and Agriculture: Trends and Challenges." http://www.fao.org/3/a-i6583e.pdf (March 7, 2021).

FAO & AU. 2020. "Intra-African trade, the African Continental Free Trade Area (AfCFTA) and the COVID-19 pandemic." Accessed September 2020: http://www.fao.org/3/ca8633en/ca8633en.pdf (March 17, 2021).

Gashu, D., M.W. Demment, and B.J. Stoecjer. 2019. "Challenge and opportunities to the African agriculture and food systems." *African J. of Food, Agriculture, Nutrition and Development,* 19(1):14191-14217.

Gilbert, M. et al. 2020. "Preparedness and vulnerability of African countries against importations of COVID-19: a modelling study." *Lancet,* 395, 871-877.

Goedde, L., A. Ooko-Ombaka and G. Pais. 2019. "Winning in Africa's agricultural market: Private-sector companies can find practical solutions to enter and grow in

Africa's agricultural market." McKinsey & Company. https://www.mckinsey.com/ industries/agriculture/our-insights/winning-in-africas-agricultural-market (March 17, 2021).

Gopaldas, Ronak. 2019. "The small African kingdom that's perfect for growing cannabis, but maybe not for regulating it." https://qz.com/africa/1744366/lesotho-is-perfect-growing-cannabis-but-not-regulation/(March 18, 2021).

Gourlay, Sydney, Akuffo Amankwah and Alberto Zeaaz. 2021. "Food security in the face of COVID-19: Evidence from Africa." https://blogs.worldbank.org/opendata/ food-security-face-covid-19-evidence-africa (March 15, 2021).

Headey, D.D. and T.S. Jayne. 2014. "Adaptation to land constraints: Is Africa different?" *Food Policy,* 48: 18–33.

Jayne, T.S., T. Yamano, M.T. Webe, D. Tschirley, R. Benfic, A. Chapoto and B. Zulu. 2003. "Smallholder income and land distribution in Africa: implications for poverty reduction strategies." *Food Policy*, 28: 253-275.

Jayne, T. S. and D. Ameyaw. 2016 "Africa's Emerging Agricultural Transformation: Evidence, Opportunities and Challenges" in *Africa agriculture Status report 2016: progress towards agricultural transformation in Africa*, AGRA.

Jayne, T., , F. K. Yeboah and C. Henry. 2017 "The future of work in African agriculture: Trends and drivers of change." ILO, Working Paper No. 25.

Kaminski, J. and A. Thomas. 2011 "Land use, production growth and the institutional environment of smallholders: evidence from Burkinabè cotton farmers'." *Land Economics,* 87(1):161–182.

Kaminski, J., L. Christiansen. 2014. "Post-harvest loss in sub-Saharan Africa—what do farmers say?" *Global Food Security,* 3:149-158.

Kevane, Miller. 2008. "Economic Systems" in J. Middleton & J. C. Miller (Eds.) *New*

Encyclopedia of Africa, pp. 174-179. 2nd ed., vol. 2, Charles Scribner's Sons.

Langwenya, M.P. 2014. *Value chain finance for infant high-value horticultural industries: a case study of the baby vegetable industry in Swaziland.* Ms. Thesis. University of Pretoria.

Leke, Acha, Susan Lund, Charles Roxburgh, and Arend van Wamelen. 2010. "What's driving Africa's growth." McKinsey Global Institute

Mckinsey Global Institute. 2016. "Lions on the Move II: Realizing the Potential of Africa's Economies." McKinsey Global Institute.

Mercy Corps. 2020. *COVID-19 and livestock market systems-The impact of COVID-19 on livestock-based economies in the Horn of Africa.* mercycorps.org. Portland, Oregon, U.S.

Middle East Institute. 2022. "Taiwan should implement the "Economic Miracle" model in Somaliland to win Africa's goodwill." 1763 N St. NW, Washington D.C. 20036 https://www.mei.edu/publications/taiwan-should-implement-economic-miracle-model-somaliland-win-africas-goodwill(March 19, 2021).

Morsy, H., A. Salami and N. Mukasa. 2021. "Opportunities amid COVID-19: advancing intra-African food integration." *World Development,* 139:105308.

Mtimet, Nadhem, Godiah Lawrence, Francis Mugunieri, Enock Kiptoo Wanyoike, and Gulaid Ibrahim. 2018. "An assessment of the livestock by-products value chains in Somaliland: The case of bones and tallow." *Pastoralism: Research, Policy and Practice,* 8:22.

Muhumed, M.M., and A.M. Yonis. 2018. "The future of Somaliland livestock Exports: examining the sustainability of livestock trade." *International Journal of Management, Accounting and Economics*, 5(8):678-692.

Mulozi, Dean. 2021. "The impact of COVID-19 on the African small scale farmers."

Africa Union Economic and Social and Cultural Council (AU-ECOSOCC) Zambia." https://www.rural21.com/english/news/detail/article/the-impact-of-covid-19-on-the-african-small-scale-farmers.html?no_cache=1 (March 10, 2021).

Musa, Ahmed, Vivian Oliver Wasonga, and Mtimet Nadhem. 2020. "Factors influencing livestock export in Somaliland's terminal markets." *Pastoralism: Research, Policy and Practice,* 10:1

Nyagumbo, I., S. Mkuhlani, W. Mupangwa and D. Rodriguez. 2017. "Planting date and yield benefits from conservation agriculture practices across Southern Africa." *Agricultural Systems,* 150: 21-33.

Oluwabamide, Abiodun J. 2015. "An Appraisal of African Traditional Economy as an Heritage." *International Journal of Research in Humanities and Social Studies,* 2(12): 107-111.

Pei, Minxin. 2020. "China's expensive bet on Africa has failed Coronavirus crash in commodity prices has wasted $200 billion in investment and loans." https://asia.nikkei.com/Opinion/China-s-expensive-bet-on-Africa-has-failed? (March 11, 2021).

Pfeifer, Catherine, A. Todd, Lawrence, Mugunieri Abdiqani, Ahmed Farah, Abdirahman Bare Dubad, Abdirahman Mohamed, Awo Ibraim Isma, Mohamed Aden Ahmed, and Saed Jama Ibrahim. 2018. *The dynamics of natural resources in Somaliland— Implications for livestock production.* IGAD Sheikh Technical Veterinary School and Reference Centre.

Pilling, David. 2019. "Africa shift from aid to trade offers fresh hope for self-reliance." *Financial Times: African Development* Aug. 27.

Rakotoarisoa, M.A., M. Iafrate and M. Paschali. 2012. *Why has Africa become a net food importer? Explaining Africa Agricultural and Food Trade Deficits.* Rome:

Food and Agriculture Organization (FAO).

Sakho-Jimbira S., and I. Ibrahima Hathie. 2020. "The future of agriculture in Sub-Saharan Africa. Policy Brief." https://www.ifad.org/documents/38714170/42030191/future_agriculture_sahara_e.pdf/1cb6b896-b9c1-0bb8-87b8-83df3153d0af (March 20, 2021).

Selassie, A.A. and S. Hakobyan. 2021. "Six charts show the challenges faced by Sub-Saharan Africa." IMF African Department. https://www.imf.org/en/News/Articles/2021/04/12/na041521-six-charts-show-the-challenges-faced-by-sub-saharan-africa (March 5, 2021).

Smalley, Rebecca. 2014. "Large-scale Commercial Agriculture in Africa: Lessons from the Past." Policy Brief 65. https://www.future-agricultures.org/publications/policy-briefs-document/large-scale-commercial-agriculture-in-africa-lessons-from-the-past (March 17, 2021).

Somalilandbiz. 2021. "Livestock section guide." http://www.somalilandbiz.com/sector-guides/livestock/(March 13, 2021).

Srivastava, A. K., C. M. Mboh, T. Gaiser, H. Webber and F. Ewert. 2016. "Effect of sowing date distributions on simulation of maize yields at regional scale-a case study in Central Ghana, West Africa." *Agricultural Systems,* 147:10-23.

TechnoServe, 2017. "Food processing in Sub-Saharan Africa." https://www.technoserve.org/wp-content/uploads/2018/04/solutions-for-african-food-enterprises-final-report.pdf. (March 5, 2021).

Tschirley, D., T. Reardon, M. Dolislager and J. Snyder. 2015. "The rise of a middle class in east and Southern Africa: Implications for food system transformation." *Journal of International Development*, 27: 628-646.

Xaba, B.G.; and M.B. Masuku. 2013. "An analysis of the vegetables supply chain in

Swaziland." *Sustainable Agriculture Research,* 2(2): 1-10.

Zougmoré, R,B., S.T. Partey, M. Ouédraogo, E. Torquebiau and B.M. Campbell. 2018. "Facing climate variability in sub-Saharan Africa: analysis of climate-smart agriculture opportunities to manage climate-related risks." *Cahiers Agricultures,* 27: 34001.

臺商非洲投資布局趨勢與模式：
以紡織成衣產業為例

徐遵慈

（中華經濟研究院副研究員）

摘要

　　近年臺商至非洲國家投資案件及金額均快速成長，尤其以紡織成衣大廠最看好非洲潛力，將其全球投資布局策略下的生產基地延伸至非洲。本文分析旭榮、南緯兩家大型紡織企業投資非洲之策略、目標與營運現狀。該二公司已在臺灣、中國大陸、東南亞或中南美洲等設立生產據點，以滿足全球客戶之需要，因非洲享有美國給予 AGOA 法案銷美優惠，而於2000 年初期分別前往肯亞、史瓦帝尼設廠，主要生產大量生產、單價較低，或交貨期間較長之產品。在當前國際間供應鏈移轉趨勢下，雖然促使臺商自中國大陸向外遷徙享有各類關稅優惠，在非洲投資雖可，然因當地供應鏈不足，因此除大廠具備上中下游投資的實力外，較小企業多半卻步。對此，當前我政府應積極推展與美國建立信賴供應鏈合作關係，將信賴供應鏈合作延伸至非洲國家，進而以建立臺灣、美國及非洲國家之三方產業合作夥伴關係。

關鍵詞：新型冠狀病毒肺炎、普遍性優惠關稅機制、《非洲成長機會法》、
　　　　　自由貿易協定、經濟整合

壹、前言

　　臺商近年因應區域經濟整合與中國大陸投資環境變化，逐漸調整全球布局策略。其中，製造業積極至中國大陸以外地區投資布局，尤其在 2018 年因應美中貿易衝突，以及 2020 年新型冠狀病毒肺炎（COVID-19）疫情爆發後，更明顯加快分散投資之腳步，以調整過去高度集中單一國家之作法，順應當前全球供應鏈移轉、重組與分流趨勢，將生產基地擴延至新興市場如東南亞、南亞、非洲等，以分散投資與營運風險。

　　在臺商最新的對外投資趨勢中，非洲逐漸受到重視，其原因除因非洲尚待開發的市場潛力開始受到重視外，2018 年 4 月，蔡英文總統結束非洲之旅返國後，指示國安會盡快提出「非洲計畫」，希望藉由整合政府相關部會、駐外館處、技術團、臺商與當地政府的力量，深入布局非洲。政府開始重視非洲，也鼓勵企業思考探索與布局非洲市場。[1]

　　非洲人口超過 12 億，人口與土地面積僅次於亞洲，排名世界第二，區域產值達 2.5 兆美元。根據國際貨幣基金（IMF）的統計，非洲於 2009 至 2018 年期間平均經濟成長率大致維持在 3.89%，高於同時期全球 3.44% 的平均經濟成長，預計至 2023 年仍可維持 4% 左右的成長動能，甚具發展潛力。[2] 然而迄至目前，臺商前往非洲設廠營運的家數仍十分有限，遠不及亞洲或甚至中南美洲國家。在前述所提之臺商全球分散投資的最新趨勢下，是否可能掀起新一波至非洲投資熱潮？臺商決定是否至非洲投資的考量因素或決策模式為何？近年至中國大陸或東南亞投資之模式是否可能適

1　蔡英文總統結束「兩國同心，邦誼永固」之旅後，於機場談話時強調，臺灣就是要走出去，拼出每一吋的國際空間；她也說，已交辦國安會，務必在最短時間內，提出一套「非洲計畫」，蔡英文交辦國安會盡快提出「非洲計畫」，ETtoday 新聞，2020 年 4 月 21 日，https://www.ettoday.net/news/20180421/1154760.htm#ixzz6g2GXdV5f

2　參相關網址如下：https://www.imf.org/external/datamapper/NGDP_RPCH@WEO/WEOWORLD/AFQ。

用於非洲，相關問題均值得關注。

　　對此，本文首先將分析臺商對外投資趨勢、最新發展與考量因素，其次將分析非洲最新區域經濟整合之發展與進展，並分析臺商紡織大廠旭榮與南緯公司在非洲投資布局的具體案例，以檢視臺商對非洲投資決策的考量因素與關切事項，最後提出結論與建議。

貳、臺商對外投資趨勢與最新發展

一、臺商對外投資最新趨勢

　　臺商自 1980 年代後期開始，為因應當時新臺幣快速升值、國內工資上漲等因素，開始前進東南亞國家設立生產據點，以降低生產成本。自 1990 年代後期起，臺商看好中國大陸市場潛力及豐沛人力與低廉工資，逐漸轉進中國大陸，自此開啟臺商在中國大陸投資設廠最密集時期的 20 年。然而，自 2010 年以後，因中國大陸工資上漲與勞工法規等漸趨嚴格，以及東南亞國家加速經濟整合，東協經濟共同體（ASEAN Economic Community, AEC）於 2015 年成立等原因，臺商對中國大陸投資趨緩，轉至東南亞投資家數則快速增加。[3]

　　2010 年 6 月，《兩岸經濟合作架構協議》（ECFA）簽署，同年臺灣對中國大陸投資金額升高至 146.18 億美元，高居 10 年巔峰，然自 2011 年起投資金額連續衰退。相較來說，臺商至中國以外之投資則持續增加，包括至東協國家及北美、歐洲、中南美洲等。惟如從地域觀察，中國大陸仍居我對外投資最大目的國，且除東協國家及美國（部分年份）外，臺商在

3　徐遵慈，〈全球化變遷下的臺灣產業南向布局：美中貿易衝突下的臺商投資動向與選擇〉，發表於 2020 年「全球化變遷與兩岸經貿互動：策略與布局研討會」，臺北，2020 年 7 月 4 日。另參徐遵慈等，《美中貿易衝突情勢下之我商因應策略及相關建議》，中華經濟研究院，中華民國工商協進會 2019 年委託計畫。

其餘區域之投資金額仍明顯偏低。

　　依據經濟部投審會對外人直接投資（FDI）統計，過去 20 年間，臺商對全球總投資（含中國與其他國家）大抵呈成長趨勢（除 2019 年外），在 2012 年時投資金額突破 200 億美元，至 2018 年上升至 228 億美元，創下歷史新高，2019 年則因美中貿易衝突升高、全球景氣低迷等因素導致企業因不確定性升高以致轉趨保守，投資金額大幅降至 110 億美元，僅約 2018 年之一半金額。2020 年因新冠疫情全球爆發，臺商對外投資活動亦呈低迷。

　　截至 2021 年 10 月止，經投審會報備至全球各國的累計投資金額共計 3,636.40 億美元，其中至中國大陸累計投資金額計 1,967.2 億美元，占我國對外累計投資比重達 54.1%。然如前述，2010 年臺商至中國大陸投資金額占我對外投資比重超過 80%，其後逐年下降，至 2018 年起連續三年比重降至 40% 以下，2021 年 1 月至 10 月，對中國投資金額僅約 43.01 億美元，占比降至 31.3% 之新低。儘管新冠疫情造成各國經濟與生產活動停頓，僅中國大陸自 2020 年 3 月後逐漸解封及復工，因此部分臺商為爭取國外訂單而加碼投資，然從整體趨勢觀察，臺商對中國投資熱潮已退，對其他地區投資布局之行動則轉趨積極。目前，中國雖仍居我對外累計投資最大目的地，但臺商在當地投資恐難恢復往昔盛況。[4]

　　在此同時，近年臺商對東協國家投資逐年成長，在 2012 年時創下歷史新高，年度投資金額達 57 億美元，占投資比重約 27.4%。然投資金額始終遠低於對中國投資，直至近年始出現翻轉。2021 年 1 至 10 月間，向經濟部投審會報備至東協國家投資金額約 56.21 億美元，超越對中國投資金

4　參經濟學人：臺商在大陸黃金時代一去不復返，香港經濟日報，2020 年 11 月 26 日，https://china.hket.com/article/2812044/%E3%80%90%E5%85%A9%E5%B2%B8%E9%97%9C%E4%BF%82%E3%80%91%E7%B6%93%E6%BF%9F%E5%AD%B8%E4%BA%BA%EF%BC%9A%E5%A4%A7%E5%9B%A0%E7%B4%A0%20%E5%8F%B0%E5%95%86%E5%9C%A8%E5%A4%A7%E9%99%B8%E9%BB%83%E9%87%91%E6%99%82%E4%BB%A3%E4%B8%80%E5%8E%BB%E4%B8%8D%E8%BF%94

額約 47.92 億美元，較 2020 年同期增加 115.55%，取代中國大陸成為我國對外最大投資目的地，累計投資金額計 455.07 億美元，[5] 占我國對外累計投資比重約 12.51%，其中前三大投資國分別為新加坡、越南與泰國。

2018 年美中貿易衝突升溫，2020 年新冠疫情在全球爆發，促使臺商更積極分散生產基地過度集中於單一國家的風險，思考直接赴歐美等終端市場投資，或分散至東協、南亞或其他地區投資等。在臺商採取赴終端市場投資的策略下，2018 年單年臺商對美國投資金額高達 20 億美元，創下歷史新高，2020 年更成長至近 40 億美元。2020 年對歐盟國家投資金額達 15.1 億美元，亦創歷史紀錄（見表 1）。

檢視我國近 20 年來對外投資之區域變化，可發現過去以來臺商赴海外投資的主要考慮係成本因素或市場優惠，前者如投資目的國之工資水準，後者如是否具有進口關稅優惠（如原物料、半成品進口免關稅）或對出口國家之市場進入（market access）的優惠，如是否對外簽署自由貿易協定等。[6] 然觀察美中貿易衝突以來至新冠疫情爆發後臺商投資動向，卻可發現影響臺商投資布局的考量深受不同的因素影響，除前述因素外，尚包括地緣政治考慮、歐美客戶之要求、全球供應鏈移轉、短鏈化等現象。以下綜合說明。

（一）成本考慮——生產與營運成本

臺商自 1990 年代起赴中國投資，主要考慮因素為中國廉價勞動力與土地成本等，有助降低生產與營運成本。然中國自 2000 年以後生產成本漸增，實施新的勞工、環保法規更增添臺商營運與適法合規（compliance）

5 　如依據東協地主國之投資統計，臺灣在東協國家累計投資金額超過1,000億美元，為東協重要外資來源。
6 　徐遵慈，〈全球化變遷下的臺灣產業南向布局：美中貿易衝突下的臺商投資動向與選擇〉，發表於2020 年「全球化變遷與兩岸經貿互動：策略與布局研討會」，臺北，2020 年 7 月 4 日。

表 1：臺灣對主要國家投資統計（至 2021 年 10 月）

地區	國家	至 2021 年 10 月累計投資			2021 年 1 月至 10 月投資		
		案件數	金額（百萬美元）	占比（％）	案件數	金額（百萬美元）	增減率（％）
全球總計		62,713	363,640	100	686	13,723	16.8
亞洲	中國	44,749	196,720	54.10	349	4,301	-8.6
	香港	1,828	8,200	2.25	39	215	-76.0
	日本	885	9,656	2.66	15	48	-87.3
	韓國	249	2,042	0.56	2	423	2173.0
	新南向18 國	3,501	46,641	12.83	101	5,484	157.4
	東協10 國	3,365	45,507	12.51	11	3,695	73.4
	越南	823	12,594	3.46	35	847	39.6
	泰國	602	4,540	1.25	11	308	90.0
	新加坡	669	18,586	5.11	11	3,695	488.4
	印度	122	1,113	0.31	11	172	573.6
美洲	北美洲	5,882	23,163	6.37	61	440,627	-40.8
	美國	5,777	22,594	6.21	58	435	-34.7
	中南美洲	3,364	56,557	15.55	70	2,209	196.4
	加勒比海英國屬地	2,860	48,268	13.27	67	1,047	56.4
	百慕達	108	4,874	1.34	0	1,050	2737.8
	巴拿馬	85	1,880	0.52	1	77	7712.0
歐洲	歐盟27 國	721	7,585	2.09	17	306	-390.0
	荷蘭	215	3,851	1.06	7	281	1897.2
	盧森堡	10	636	0.17	0	0	0.0
	德國	260	536	0.15	5	14	-82.6
	英國	221	3,242	0.89	1	3	198.6

地區	國家	至 2021 年 10 月累計投資			2021 年 1 月至 10 月投資		
		案件數	金額（百萬美元）	占比（％）	案件數	金額（百萬美元）	增減率（％）
大洋洲	大洋洲地區	835	6,990	1.92	19	204	-48.5
	澳洲	123	3,217	0.88	4	15	10.6
	薩摩亞	657	3,264	0.90	13	187	-51.1
非洲	非洲地區	276	1,147	0.32	6	780	-44.3

註：新南向 18 國包括：東協 10 國、南亞 6 國、澳洲、紐西蘭。
資料來源：經濟部投審會。

成本。從最早期中國大陸吸引臺商進駐設廠，以及近年臺商開始或已將投資逐漸移往東南亞及南亞如孟加拉等生產成本更低的國家及地區，臺商思考的主要原因之一都是營運成本。

（二）市場考慮──區域整合與貿易優惠

東協國家擁有約 6.4 億人口，2015 年成立「東協經濟共同體」（ASEAN Economic Community, AEC），東協國家間關稅與非關稅障礙進一步降低或撤除，對外更擁有「東協加一」FTA 之貿易優惠網絡。[7]臺商近年加速至東協投資，一方面是看好東協內需市場，另一方面更希望利用東協生產後出口至其他與東協簽署 FTA 國家，如日本、韓國、印度等，或是利用已開發國家如美、歐、日等給予最低度發展國家（Least Developed Countries, LDCs）的普遍性優惠關稅機制（Generalized System of Preference, GSP），例如東協之柬埔寨、緬甸、寮國，南亞之孟加拉等所享有之出口優惠。由於部分東協國家的勞工、生產成本亦逐漸升高，因此多數臺商赴東協國家

---

7 東協十國先前已與中、日、韓、紐、澳、印度簽署五個「東協加一」FTA，2019 年東協與香港 FTA 生效實施。

投資係考量東協經濟整合與對外 FTA 網絡與 GSP 優惠，其重要性可能勝
過生產成本。

　　須特別注意的是，東協國家自 2012 年起積極推動《區域全面經濟夥
伴協定》（Regional Comprehensive Economic Partnership, RCEP）談判，
已在 2020 年 11 月 15 日與中國、日本、韓國、澳洲與紐西蘭共計 15 國
簽署協定。[8]RCEP 在 2022 年 1 月 1 日生效實施，[9]將成為全球涵蓋人口最
多與經濟規模最大的巨型 FTA，GDP 達 22.5 兆美元，占全球貿易比重約
28.7%。另外，在東協國家中，越南、馬來西亞、新加坡、汶萊同時亦為《跨
太平洋夥伴全面進步協定》（CPTPP）成員。[10]CPTPP 已於 2018 年 12 月
30 日正式生效。[11] 這些大型 FTA 網絡所享有的關稅優惠吸引新一波臺商投
資東南亞熱潮。

（三）全球化、供應鏈變化與科技應用等新興議題

　　近幾年國際間熱烈探討反全球化、逆全球化、去全球化等運動、現象
與最新趨勢，相較於 1990 年代興盛一時的經濟全球化與全球布局、分工
的潮流，當前國際社會對全球化的抗拒與反感正快速加深，論者認為當前
傳統全球化已進入「新全球化」（New Globalization）或「全球化的新紀元」

8　RCEP 原涵蓋東協 10 國、中國、日本、韓國、澳洲、紐西蘭、印度，共計 16 國。根據第三屆 RCEP 高
　　峰會聯合聲明，RCEP 已於 2019 年完成談判，預計 2020 年簽署；然因印度稱有重大且未解決之問題，
　　故暫不加入 RCEP。目前 RCEP 成員僅 15 國。
9　RCEP 生效條件之規定在協定第 20 章第 6 條，規定 RCEP 將在至少六個東協國家與三個非東協國家（中、
　　日、韓、紐、澳）締約方完成國內程序並向存放機構交存相關文件後，於 60 日後生效。參 World's
　　largest trade deal RCEP to enter into force on Jan. 1st, 2022, November 5, 2021, ASEANNOW.com, World's
　　largest trade deal RCEP to enter into force on Jan. 1st, 2022 - Philippines News - ASEAN NOW - News, Travel
　　& Forum。
10　馬來西亞與汶萊尚未完成國內批准程序。
11　《跨太平洋夥伴全面進展協定》（CPTPP）雖遭遇美國退出協定前身《跨太平洋夥伴協定》（TPP）的
　　窘境，11 國成員仍在 2018 年 3 月 8 日於智利簽署協定，在 12 月 30 日生效實施。CPTPP 第 3 條第 1 項
　　規定，本協定應至少六個或半數初始簽署方（取較低者）以書面通知存放機構其已完成各自適用的
　　法律程序之日起 60 日生效，現已有墨西哥、日本、新加坡、紐西蘭、加拿大、澳洲、越南、秘魯完成
　　批准程序即生效實施。

（New Era of Globalization）（BCG 2017），但主張亞洲開發中國家與新興經濟體將可能成為「新全球化」下的主要受惠者。[12]

如從全球供應鏈（Global Value Chains, GVCs）之角度觀察，2018 年下半年起美中貿易衝突爆發，衝擊全球供應鏈，2020 年新冠肺炎全球疫情不僅造成全球經濟大幅衰退，更進一步對全球供應鏈產生前所未有的深遠影響，尤其凸顯全球化下供應鏈韌性（resilience）的重要。實例如越南高度倚賴中國大陸生產之中間財產品，然 2020 年 2 月疫情爆發後越南自 3 月起面臨中國因工廠關閉與供應鏈中斷造成的供應瓶頸，即便中國順利恢復產能，但運輸、邊境管制、檢疫問題等影響上中下游產業鏈的運作。各國經濟活動因疫情衝擊導致不同程度的關廠或停工，使得部分產業供應鏈陷入「斷鏈」危機。[13]臺商海外投資布局須朝分流、多元供應、短鏈化方向發展，以減緩對單一市場的依賴，避免集中在同一地方、國家或企業，而朝分散化（distributed）、去中心化（de-centralization）、多元化的方向發展，如外銷導向的臺商除前往東南亞、印度外，亦思考前進東歐、拉丁美洲、非洲等國家。

（四）改變出口策略與路徑

隨著美中貿易衝突升高，美國對中國產品課徵關稅，在中國臺商主要因應方式之一是改變對美國訂單的最終產品出口地，亦即將訂單轉至中國以外地區生產與出貨，此即「轉單」，包括將訂單轉至東南亞或臺灣出口，以避開美國對中國產品課徵關稅。例如，部分產品如家具、自行車、紡織

---

12 有關近年反全球化等討論，可參 Bloomberg. 2019. "Globalization Isn't Dying, It's Just Evolving," July 23, 2019, https://www.bloomberg.com/graphics/2019-globalization/ (June 30) 請參知名商業諮詢顧問公司波士頓諮詢集團（Boston Consulting Group, BCG）旗下智庫韓德遜研究院（Henderson Institute）自 2017 年 9 月起發布一系列關於全球化研究報告，參 The New Globalization, BCG Henderson Institute, https://www.bcg.com/publications/2017/globalization-winning-in-emerging-markets-how-asia-can-win-new-global-era.aspx

13 陳添枝、顧瑩華，2020 年 9 月，〈COVID-19〉對全球產業供應鏈的影響及臺灣的挑戰，《經濟前瞻》第 191 期，頁 28-34。

成衣等則改由東南亞出口至美國，由越南、柬埔寨、菲律賓等東協國家做為產品最後組裝地及出口國。

　　由於大量「轉單」或調整出口策略，使我國過往採用的「臺灣接單、海外出貨」模式面臨逐漸的質變。過去以來「臺灣接單、中國生產、中國出貨」或「臺灣研發、中國生產、三角貿易銷售歐美」的模式已然形成。須注意的是，廠商選擇改變出口路徑與策略時，必須考慮產業鏈、關稅、生產成本等問題。

　　另一方面，自 2018 年以來，廠商為拓銷新市場與開發新需求，對於東南亞、歐洲、印度、甚至非洲等市場興趣增加，需要政府機關提供拓銷活動、商情資訊，與輔導補助、買主媒合及提升產業形象等活動。除整體性拓銷作法外，亦需要政府或外貿協會、產業公協會等協助其認識市場面及產業面訊息，進而能夠拓展新市場、布局全球。例如，國人對非洲市場甚不熟悉，相關商情資訊取得不易，均有賴政府與相關工商組織協助。

參、非洲經濟整合

　　非洲國家近年整合腳步加快，目前共計有 16 個相關區域整合組織成立，2018 年 3 月，《非洲大陸自由貿易區協定》（Agreement Establishing the African Continental Free Trade Area, AfCFTA）的 44 個成員國簽署協定，非洲大陸邁向單一貨品與服務市場跨出重要一步。

　　非洲區域經濟整合組織林立，包含南部非洲關稅同盟（Southern African Customs Union, SACU）、東非共同體（East African Community, EAC）、馬諾河聯盟（Mano River Union, MRU）、西非經濟共同體（Economic Community of West African States, ECOWAS）、大湖經濟共同體（Economic Community of the Great Lakes Countries, ECGLC）、中非經濟共同體

（Economic Community of Central African States, ECCAS）、印度洋委員會（Indian Ocean Commission, IOC）、東非政府間發展組織（Inter-Governmental Authority on Development, IGAD）、阿拉伯馬格瑞布聯盟（Arab Maghreb Union, AMU）、南非發展共同體（Southern African Development Community, SADC）、西非經濟貨幣聯盟（West African Economic and Monetary Union, WAEMU）、中非經濟及貨幣共同體（Central African Economic and Monetary Community, CEMAC）、東南非共同市場（Common Market for Eastern & Southern Africa, COMESA）、撒哈拉沙漠國家共同體（Community of Sahel-Saharan States, CEN-SAD）、三方自由貿易區協定（COMESA-EAC-SADC Tripartite FTA, TFTA），以及新近簽署之 AfCFTA 等。

其中，EAC 成立於 1967 年，但因成員國間政治分歧和經濟衝突，於 1977 年宣告解散，至 2001 年再次成立。東非共同體（EAC）已自自由貿易區進入關稅同盟之整合階段，期望在 10 年內啟動邁向社會、經濟和政治一體化之目標。[14]

南非發展共同體（SADC）成立於 1992 年，並於 2008 年成立自由貿易區，15 個成員國中僅有安哥拉和剛果民主共和國尚未加入該自由貿易區；而根據「南非發展共同體之區域性指導戰略發展計畫」（SADC's Regional Indicative Strategic Development Plan, RISDP），推動關稅同盟為該自由貿易區下一階段之整合目標，然目前仍尚未達成。[15]另尚有 1994 年成立之東南非共同市場（COMESA）和 2015 年簽訂之三方自由貿易區協

---

14 Elias Biryabarema, "East African Trade Bloc Approves Monetary Union Deal," Reuters, December 1, 2013, https://www.reuters.com/article/us-africa-monetaryunion/east-african-trade-bloc-approves-monetary-union-deal-idUSBRE9AT08O20131130?feedType=RSS&feedName=worldNews

15 Southern African Development Community（SADC）, "Integration Milestones," https://www.sadc.int/about-sadc/integration-milestones/

定（TFTA）。東南非共同市場（COMESA）於 2009 年啟動關稅同盟，將以三年過渡期逐步推動關稅管理條例、共同對外關稅及統一海關進口稅則，惟進展遲緩。中非經濟及貨幣共同體（CEMAC）為目前非洲地區經濟整合程度較高之組織，1994 年在非洲大陸區域化趨勢的影響下，成立中非經濟及貨幣共同體（CEMAC），並於 2000 年成為自由貿易區，但目前仍存在部分關稅及非關稅貿易障礙。

AfCFTA 是非洲聯盟（AU）的首要計畫，預期將創造 GDP 超過 3.4 兆美元之自由貿易區，[16] 預計 2030 年前非洲消費者及企業總支出將超過 6.7 兆美元，對非洲製造業、工業發展、貿易、非洲內部合作及經濟轉型影響深遠。聯合國非洲經濟委員會（UN Economic Commission for Africa, UNECA）預估 2040 年前非洲區域內貿易比重將從目前之 17% 成長至 25%，IMF 亦認為 AfCFTA 有助提升非洲之全球競爭力。

2018 年 3 月，非洲聯盟國家簽署 AfCFTA 協定，堪稱非洲最新、且規模最大之 FTA，旨在建立單一貨品和服務市場，並促進人員和投資之自由流動，以深化非洲大陸的經濟整合，實現「非洲聯盟 2063 年議程」（African Agenda 2063）揭櫫之建立「整合、繁榮與和平非洲」的目標。協定主要內容可分為：貨品貿易、服務貿易，與爭端解決規則與程序議定書（Protocol on Rules and Procedures on the Settlement of Disputes）三部分；未來第二階段談判將進一步就智慧財產權、投資與競爭政策議題進行諮商。

根據非洲輸出入銀行（African Export-Import Bank）的評估顯示，在所有參與成員國均能消除關稅的情況下，AfCFTA 協定生效實施後將可使該協定成員國總體國內生產毛額（GDP）成長 0.65 ％，增加總體經濟福利金額約 36 億美元；整體協定成員國出口金額可增加 2.94%、進口金額增加

16《非洲大陸自由貿易協定》在 2018 年 3 月 21 日由 44 國非洲代表在盧安達首都吉佳利簽署協定，為全球參與國家數最多的 FTA。

3.31%。然如各協定成員國能夠消除所有關稅並同時降低非關稅貿易障礙，則 AfCFTA 總體 GDP 將可進一步提升 3.15%，增加的總體經濟福利可達 179.569 億美元；整體協定成員國出口與進口金額則分別可增加 5.23% 與 6.59%，其經濟成長潛力與商機可期。[17]

根據非洲聯盟貿易暨工業委員會指出，非洲大陸內企業之平均關稅為 6.1%，是內陸貿易無法更加緊密的關鍵原因。非洲各國間貿易（intra-trade）遠低於與其他非洲以外之國家的貿易。近年非洲國家對區域內的出口額僅占總出口額之 18%，遠低於亞洲或歐洲國家區域內貿易比率。展望未來，AfCFTA 將逐步取消非洲內部貿易關稅，預計將削減 90% 商品關稅，增加國內服務提供者市場進入之指導原則，以及跨境便捷化和海關合作之規定。

根據聯合國非洲經濟委員會（United Nations Economic Commission for Africa, UNECA）估計，AfCFTA 在消除關稅後區域內之貿易將可增加至 52%，在降低非關稅貿易障礙後亦將加倍成長，[18] 更將吸引更多外人直接投資（FDI）。目前製造業僅占非洲國內生產總值約 10%，遠低於其他開發中國家。發展製造業將帶來就業機會，將是非洲減輕貧困的大好機會。隨著 AfCFTA 之實施，中小企業將能透過區域市場，更易於供應物品給區域內從事出口之大型公司。

然而非洲地區政治動盪，區域發展不均，尤其基礎建設落後，再加上許多國家實施進出口及外匯管制措施，支持產品本地自製，常導致外資卻步。新冠疫情爆發以後，由於非洲國家無法倚賴進口及邊境關閉等影響，

---

17 參葉長城、郭家瑾，〈非洲區域經濟整合之發展、影響、挑戰與其對臺灣拓展對非貿易之意涵分析〉，WTO 電子報，2019 年 5 月 2 日。

18 有關該協定文本可參閱如下網址：Agreement Establishing the African Continental Free Trade Area, https://www.tralac.org/documents/resources/african-union/1964-agreement-establishing-the-afcfta-consolidated-text-signed-21-march-2018-1/file.html（accessed on March 21, 2019）。

遂開始思索發展非洲區域供應鏈及解決方案。此外，近來國際油價下跌，凸顯建立多元產業之重要性，非洲國家亦開始推動參與國際供應鏈之重要性。非洲企業認為新冠疫情加速 AfCFTA 整合必要性，將有助經濟復甦。AfCFTA 可重整非洲區域及當地製造業，有助非洲國家逐漸達到「非洲製造」之工業化革命之目標。

肆、臺商投資非洲現況及布局非洲案例

一、臺商在非洲投資布局之考量

　　非洲大陸為全球最後一個尚待開發的市場，又具有前進歐美市場等諸多優惠，尤其非洲對美國市場享有美國《非洲成長機會法》（African Growth and Opportunity Act, AGOA）優惠，准允撒哈拉以南國家特定商品以低關稅或免關稅方式進入美國市場，多年以來引起我國企業注意，亦期待 AfCFTA 能開啟更多商機。

　　根據我國經濟部投審會統計，我國對非洲直接投資累計至 2021 年 10 月止，投資件數共 276 件，投資金額約 11.47 億美元，主要為內銷導向或出口製造業，例如汽車零配件、節能或能源產品、紡織成衣等，部分廠商則投資於服務業，如餐飲、電子商務、批發零售（合資）、營建工程等。值得注意的是，2021 年 1 至 10 月間，對非洲投資案件計有 6 件，投資金額合計約 7.8 億美元，為歷年來成長最迅速的成績，顯示產業界對非洲市場的興趣正從觀望轉至行動。

　　如以投資的產業觀察，臺商在非洲主要投資於製造業與服務業，其中規模較大的廠商主要設廠生產紡織成衣、製鞋、食品、塑化、車輛配件等，多半以非洲內需市場為主，一部分大型紡織成衣工廠則以出口為主，主要利用美國 AGOA 下關稅與配額優惠銷往美國。不過，非洲雖具潛力，但投資非洲臺商共同面對的問題甚多，者要為當地基礎建設落後、欠缺產業鏈等，另外如部分非洲國家政治動盪、治安不佳、幣值大幅波動等。相較於投資中國或東南亞國家之考慮，投資非洲企業雖亦關切投資目的國對外資優惠措施、工業區或經濟區優惠措施、與歐美等國經貿關係，但更加注重當地政治與經濟是否穩定、匯率政策是否健全，以及治安與人身保障等問題。

　　總統蔡英文 2018 年 4 月 21 日結束非洲友邦訪問返抵國門，指示國安會盡快提出「非洲計畫」，整合外館、技術團與當地政府力量，以便協助臺商深入布局非洲。近三年來，國內各界開始探討非洲市場與投資布局，例如外貿協會除辦理非洲商展與投資考察團外，亦邀集相關產業公協會與研究機構，組成「非洲小組」，固定召開會議。美中貿易戰與新冠疫情使得部分產業提高對非洲市場的興趣。由於非洲內陸國對外貿易常面臨較高貨運成本及難以預測之轉運時間，各界期待 AfCFTA 生效實施後，將降低區域內 90% 商品關稅，及改善貿易便捷化、轉運及關務合作等，進而有助降低貿易與生產成本，讓生產者更易於進入非洲其他市場，可能將非洲逐漸帶入供應鏈。

二、臺商布局非洲案例──以紡織成衣產業為例 [19]

　　如前所述，我國企業赴非洲投資多半為民生工業或勞力密集產業，如食品加工、車輛零配件、紡織成衣、製鞋業等，其中尤其以紡織成衣產業的投資設廠規模最大，在當地雇用員工人數眾多，也因此最為地主國政府

---

19 本節係依據僑委會委託政治大學國關中心執行臺商在非洲投資訪談案例之訪談個案整理而成。

重視。[20] 值得注意的是，除部分紡織企業係較早期進入非洲市場外，如南緯公司在 2001 年進入我邦交國史瓦濟蘭（現稱史瓦帝尼）投資設廠，旭榮公司亦早在 2003 年即進入肯亞成立製衣廠外，其餘如紡織大廠宏遠公司在 2016 年宣布進軍非洲，聚陽公司亦遲至 2018 年始決定遠赴非洲設廠。[21]

上述公司在非洲投資設廠的共同原因，都是看好非洲對美國市場出口優惠條件，透過 AGOA 得以使得撒哈拉以南國家特定商品以低關稅或免關稅方式進入美國市場。近期宏遠與聚陽的投資案更反映出廠商與其美客戶在供應鏈分化及分散投資風險的思考，及其在接近終端市場（美國）的投資策略下，選擇在非洲設廠。

以下以旭榮與南緯公司為例，說明臺商在非洲設廠投資的考量。旭榮集團早期主要從事各類高檔針織布種的生產，以臺北總管理處為全球運籌總部，其全球事業體架構分為紡織貿易事業體、織造染整供應鏈事業體、成衣生產與貿易事業體及策略聯盟事業體等四大事業體。經由建立集團全球協作系統，以臺灣為核心，連結在中國、東南亞及非洲等營運據點，各地區串聯形成緊密的產銷支援系統，將資源作最有效的運用。

目前旭榮集團員工人數達逾 10,000 人，年營收近 300 億新臺幣，據點遍布全球，在中國、東南亞、非洲及北美洲皆有據點，具有全球供應鏈和一條龍服務的優勢。集團於中國、越南設置紡織製造與染整生產工廠，在臺北設置以研發為主體的紡織技術研究院和設計行銷中心，亦於香港、上海、昆山、常州、越南、美國等地設置行銷據點，就地服務客戶，在非洲則先後於賴索托、肯亞、衣索比亞設置成衣生產工廠。在亞洲、非洲地區

---

20 此處係指臺灣企業對非洲直接投資（FDI）的廠商，不包括當地華僑商，或已經登記註冊為當地企業的在地擴廠案件。

21 〈聚陽布局非洲、中美洲代工　暫不赴美設廠〉，TVBS 新聞，2018 年 3 月 1 日，https://news.tvbs.com.tw/politics/876751

旭榮共設立五個織染廠、12 個成衣廠，生產的產品涵蓋各類高級針織布種的紡織布類產品及時尚流行、POLO 衫、運動休閒等成衣類產品，品牌客戶超過 300 家，包含 WALMART、adidas、PUMA、NEW BALANCE、JC Penney、GAP、Tommy Hilfiger、DKNY、GUESS、EXPRESS 等國際知名品牌及零售商。

　　旭榮集團至非洲投資屬於其「全球布局」時期的重要發展之一。2003 年成立製衣公司，在垂直布局下，將布與製衣的競爭力結合。[22] 除此之外，集團於 2007 年併購美國進口商，由位於非洲的成衣廠生產所需的規格與品項後，出貨給在美國進口商，形成集團內部供應體系，可以確保某些美國品牌的大型客戶的訂單，直接從美國倉庫交貨，在美國提供就地服務。除了大幅增加供貨效率以及訂單的靈活性，亦可在集團內部建立專門適用美國市場、非洲地區成衣廠生產的品項，強化集團整體銷售力，並提升供應鏈的加值效果。[23]

　　集團於 2002 年開始在非洲投資，目前在賴索托、肯亞、衣索比亞等三個國家，先後投資設九個成衣廠區，是全臺灣在非洲最大的成衣製造商。其中，賴索托工廠現有 21 條產線、2,200 名員工，以生產針織成衣、運動成衣、國際品質認證、中度困難可以量產的款式為主，主要客戶為美國品牌。在肯亞則有六個成衣廠，現有 42 條產線、6,100 名員工，專門生產款式複雜的套裝、化纖類的針織休閒、運動成衣，主要客戶為國際品牌。2015 年在衣索比亞設廠，現有 24 條生產線、2,000 名員工，產品專以針織成衣、運動成衣等中度困難款式為主。主要客戶為多家美國品牌。[24]

---

22 〈旭榮集團執行董事黃冠華 用文化和系統推動公司成長〉，《EMBA 雜誌》，2012，https://www.emba.com.tw/?action=news_detail&aID=2415。
23 〈遙遠非洲的臺商英雄們系列 7——黃冠華藉 AGOA 發展旭榮成衣王國〉，《工商時報》，2019，https://view.ctee.com.tw/economic/10186.htm。
24 〈遙遠非洲的臺商英雄們系列 7——黃冠華藉 AGOA 發展旭榮成衣王國〉，《工商時報》，2019，https://view.ctee.com.tw/economic/10186.htm。

　　目前，旭榮在非洲地區計有九個成衣生產廠區，已成為集團全球供應鏈中的重要一環。近年來國際間強調企業社會責任（Corporate Social Responsibility, CSR），亦使協助非洲經濟發展的「非洲生產、製造」模式受到各界重視。

　　不過，由於非洲的特色是無法製造太複雜的產品，且海運使產品交期（lead time）較長，所以適合生產不具季節敏感性、做工不繁複的產品，至於快速時尚等具有時效性的產品則較不適在非洲製造。展望未來，旭榮認為，「智能製造」將是紡織產業未來重要的生產趨勢。非洲的優勢主要為 AGOA 法案帶來的優惠，公司為一條龍生產，從紡織、染整到成衣階段皆有，其中成衣階段的工廠在地化比例較高。

　　另一投資非洲案例，南緯公司為臺灣上市的紡織成衣集團，成立於1978 年，主要生產染紗、針織布、梭織布、成衣等產品。南緯生產與銷售據點遍布全球，涵蓋亞、非、美三大洲，具有全球供應鏈和高度垂直整合（一條龍）服務的優勢。

　　南緯公司的全球布局涵蓋亞、非、美三大洲：在亞洲地區係以臺灣為營運總部；在中國大陸、越南、柬埔寨、約旦則設立成衣廠。在美洲地區，則在美國設立公司，在中美洲的墨西哥設立成衣廠。在非洲地區，則在南部非洲的史瓦帝尼與賴索托設立成衣廠，其產能涵蓋六大產區：臺灣、中國大陸、越南、柬埔寨、墨西哥、史瓦帝尼。若以產能區分，越南有 51條產線，為南緯實業海外最大生產基地，其次則是史瓦帝尼的 38 條產線。

　　南緯公司的投資策略，則如同臺灣紡織產業早期即開始外移，首先在2000 年初左右因應北美自由貿易協定（NAFTA）即將生效，而前往墨西哥設廠，以便出口美國市場。其後，因美國 AGOA 生效，在非洲生產的成本較墨西哥更低，因此赴史瓦帝尼設廠。南緯當時採取的策略為「全球運籌、跨國生產」，在亞洲、非洲、北美皆採「一條龍式整合生產」模式（從紡紗到成衣），主要分工為：非洲生產大量便宜的產品，北美生產快速反應的產品，亞洲生產複雜而高單價的產品。目前，南緯在史瓦帝尼共有近 5,000 位員工及近 30 位臺籍幹部。南緯一直是史瓦帝尼最大的紡織廠，對當地經濟發展扮演至關重要的角色。

伍、結論

如與臺商在中國、東南亞等國之投資目的與模式相較，臺商至非洲投資雖亦著眼於當地內需市場潛力，但以對美國市場出口導向的臺商來說，近 20 年間先後在中國、東南亞投資的目的，係為尋找對終端出口的美歐市場之最佳加工製造與出口基地。在此需求下，紡織成衣大廠因看好非洲，而逐漸在其全球布局的營運策略下，將生產基地延伸至非洲國家。

以本文分析之旭榮、南緯公司為例，該二公司除非洲外，在臺灣、中國、東南亞或中南美洲等均設立生產據點，以滿足全球客戶之需要，非洲雖享有美國給予之優惠，然因基礎建設、運輸、工人技術等之限制，因此在集團下主要生產產品以大量生產、單價較低，或交貨期間較長之產品項目。

如前述，大型紡織企業設廠多半是看好 AGOA 法案外銷美國的優惠，而小廠則多半以內需市場為主。AGOA 法案是美國基於外交與地緣政治考慮提供給非洲國家之優惠，需定期獲得美國國會支持始能持續生效。如未來 AGOA 未能延續，非洲投資臺商是否考慮持續營運或遷離非洲，則因不同投資廠商的營運策略而有所差別。不過，一般認為，非洲國家長期是美國援外政策的重要對象，對美國政治、外交、安全具有重要的戰略意義，因此未來 AGOA 或類似之經濟或出口優惠政策應會持續下去，預期非洲仍將持續吸引以美國為出口市場的製造業廠商。

　　以紡織業來說，非洲投資臺商多半以出口為主，由於當地欠缺支援性產業，因此前往投資業者往往須具備較大規模，以便建立一條龍式投資，自紡紗、布料、染整及製衣，均自行包辦。此一模式在高度生產分工的東亞國家甚為少見，但因非洲尚無健全之紡織成衣產業鏈，因此企業傾向一貫性投資。紡織業係「逐水草而居」的產業，成衣廠搬遷速度快，若 AGOA 優惠減少，恐將失去吸引此類臺商之誘因。除投資優惠外，該國的行政效率、生產能力、運輸、勞工素質及法令等皆會納入整體評估考量。非洲內需市場應具有投資發展的機會，但發展非洲內需市場與非洲製造外銷美國屬兩種完全不同的投資模式。

　　整體來說，當前各界討論之供應鏈移轉問題，雖然促使臺商自中國大陸向外遷徙，但對全球布局的臺商來說，至非洲投資係高度倚賴 AGOA 等優惠，然因當地供應鏈缺乏，因此除大廠具備上中下游投資的實力外，較小企業多半卻步。另外，因為此類廠商投資需求係出口美國市場，因此非洲自由貿易區對其影響不大。基此，我國政府如欲協助與鼓勵廠商至非洲投資布局，除須從非洲大陸內需市場的角度思考外，亦須提出能符合廠商出口導向型投資的政策與配套措施。當前政府積極推展與美國經貿合作及建立臺美信賴供應鏈合作關係，應可思考將信賴供應鏈合作延伸至非洲國家，以建立臺灣、美國及非洲國家之三方產業合作夥伴關係。

參考文獻

一、中文文獻

黃登興，2012，〈東南亞經貿整合之歷程、現況與前瞻〉，《東南亞區域整合－臺灣觀點》（臺北：中華經濟研究院臺灣東協研究中心），頁 45-51。

陳添枝、顧瑩華，2020，〈COVID-19 對全球產業供應鏈的影響及臺灣的挑戰〉，

《經濟前瞻》，第 191 期，頁 28-34。

徐遵慈，2013，〈我國與東協經貿關係之現狀盤點與再出發〉，《WTO 電子報專題》，https://web.wtocenter.org.tw/Page.aspx?pid=5573&nid=13369

徐遵慈，2014，〈臺灣產業的「新南向政策」〉，《貿易政策論叢》，第 22 期，頁 67-111。

徐遵慈，2020，〈全球化變遷下的臺灣產業南向布局：美中貿易衝突下的臺商投資動向與選擇〉，發表於 2020 年「全球化變遷與兩岸經貿互動：策略與布局研討會」，臺北，2020 年 7 月 4 日。

葉長城、郭家瑾，2019，〈非洲區域經濟整合之發展、影響、挑戰與其對臺灣拓展對非貿易之意涵分析〉，WTO 電子報，2019 年 5 月 2 日。

中華經濟研究院臺灣東協研究中心，2019，〈美中貿易衝突情勢下之我商因應策略及相關建議〉，中華民國工商協進會委託計畫，臺北，中華民國工商協進會。

國際貨幣基金組織，2020，「2020 年 4 月《世界經濟展望》」，https://www.imf.org/en/Publications/WEO/Issues/2020/04/14/weo-april-2020。

國家發展委員會經濟發展處，2020，「2020 年第 1 季兩岸經貿、中國大陸經濟情勢分析」。

二、英文文獻

Bloomberg. 2019. "Globalization Isn't Dying, It's Just Evolving," July 23, 2019, https://www.bloomberg.com/graphics/2019-globalization/ (June 30)

CONGRESS.GOV, "S.945 - Holding Foreign Companies Accountable Act," https://www.congress.gov/bill/116th-congress/senate-bill/945/text

Bureau of Economic Analysis, "Gross Domestic Product, 1st Quarter 2020 (Second Estimate)," https://www.bea.gov/news/2020/gross-domestic-product-1st-quarter-

2020-second-estimate-corporate-profits-1st-quarter

Yoshifumi FUKUNAGA & Ikumo ISONO, 2013. Taking ASEAN+1 FTAs towards the RCEP: A Mapping Study, ERIA Discussion Paper Series, http://www.asean.org/images/2012/documents/Guiding%20Principles%20and%20Objectives%20for%20Negotiating%20the%20Regional%20Comprehensive%20Economic%20Partnership.pdf

Liberty Street Economics, 12 May 2020, "How Did China's COVID-19 Shutdown Affect U.S. Supply Chains?" https://libertystreeteconomics.newyorkfed.org/2020/05/how-did-chinas-covid-19-shutdown-affect-us-supply-chains.html

UNCTAD. Nov 2019." Trade and Trade Diversion Effects of United States Tariffs on China." https://unctad.org/en/PublicationsLibrary/ser-rp-2019d9_en.pdf.

The New Globalization, BCG Henderson Institute, Boston Consulting Group, September 2017, https://www.bcg.com/publications/2017/globalization-winning-in-emerging-markets-how-asia-can-win-new-global-era.aspx

World Bank, June 2020, Global Economic Prospects, https://www.worldbank.org/en/publication/global-economic-prospects#:~:text=Global%20Outlook,-Download%20highlights&text=The%20baseline%20forecast%20envisions%20a,economies%20will%20shrink%20this%20year.

社會關懷與公益參與

黃金、上帝、榮耀：慧禮法師與臺灣的非洲經驗

劉曉鵬

（政治大學國家發展研究所教授）

摘要

　　本文將從歐洲殖民時期的黃金、上帝、榮耀三大目的談起，回顧華人社會對非洲的形象建構，與臺灣的慧禮法師如何在華人社會行銷阿彌陀佛關懷中心。臺灣官方半世紀以來都試圖用援助改變非洲，繼承這種作法，該中心對全球華人社會宣揚以佛教與中華文化幫助非洲，進而獲得許多特別是來自臺灣與非洲臺商的支持，也在六個非洲國家為孤兒建立了佛教中文學校。相比之下，中國大陸官方或民間則認為應透過投資與貿易拯救非洲。作者因而認為殖民時代與非洲交往的動機正同時於兩岸再現，然而如何詮釋種族印象與各自需求，決定了追求金錢或是宗教的榮耀。

關鍵詞：慧禮法師、阿彌陀佛關懷基金會、佛光山、法傳非洲

壹、前言

21 世紀以來，臺灣政治上在非洲節節敗退，但慧禮法師的阿彌陀佛關懷中心（Amitofo Care Center, ACC）在非洲不斷擴張，以濟助孤兒為核心在非洲辦的中文佛教學校已從馬拉威擴張至史瓦帝尼、賴索托、莫三比克、納米比亞與馬達加斯加，現已有超過 1,200 名學生，在學校外也積極參加救援活動，濟助超過 12,000 人，而且人數持續在成長中，應是現在臺灣在非洲實力最堅強的非政府組織。

隨著 ACC 影響範圍的擴大，其佛學教育加上中國在非洲的政經影響力，慧禮法師的工作得到愈來愈多關注。南非導演 Nicole Schafer 於 2019 年完成一部以該中心孤兒學校為主軸的紀錄片《非洲佛陀》（*Buddha in Africa*），[1] 除於各地影展獲獎外，還得到包括聯合國國際兒童緊急救援基金會（United Nations International Children's Emergency Fund, UNICEF）的廣泛注意，2021 年 2 月也引起臺灣公共電視的一連串討論。[2] 國內外討論的內容，包括教育引起的「文化掠奪」，進一步討論中國在非洲的擴張。

這部紀錄片雖然得到許多觀眾的注意，但國內外討論者常不理解兩岸在非洲的關係，也缺乏對 ACC 背景的理解。因此，本文將探討 ACC 二十年來為何能快速成長，獲得南非臺商、臺灣總統甚至全球華人的支持。除解釋所謂文化掠奪的起源，也進一步比較兩岸在非洲行為的基本差異。

貳、歧視、援助、形象

15 世紀開始歐洲的殖民擴張一般被認為有三大動機：黃金、上帝、榮

---

1 該片主要內容請參考 http://media.momentofilm.se/2018/05/BIA_EPK.pdf
2 公共電視連結請見 https://www.youtube.com/watch?v=1K8vjv0v2qM

耀（Gold、God、Glory，簡稱 3G）。黃金表示經濟利益，包括各種透過經濟作物或奴隸交易致富的手段。上帝表示宗教擴張，也是對非基督教地區的排斥。對推動殖民擴張者的讚許自然就是榮耀了，因為既能致富又能改變異教徒信仰。以歐美為核心所出現的蓄奴與文化排斥獲得讚許，進一步解釋對有色人種歧視，與社會達爾文主義的出現。

　　19 世紀末期開始，隨著西力東漸，受到壓迫的中國期待能如孫中山先生所言，「反弱為強、轉貧為富，可以同今日之列強並駕齊驅」。中國因此努力翻譯西洋書籍，種族主義與社會達爾文主義開始進入中文世界，為當代中國提供落後民族的對比，與適者生存的警惕。在這個知識系統下，歐美白人是中國期待與學習的對象，而被白人視為低下的黑人，則成為反面教材（Dikotter 1992）。康有為在《大同書》提出的世界大同策略之一，就是透過婚配等方式漂白有色人種。膚色與文明都較高等的黃種人還容易改，而黑人腥臭與相貌都無藥可救，則應將其絕種，使「區區黑人之惡種者，誠不必使亂我美種而退化」（康有為 1994，137-144）。

　　喜白厭黑不僅在中國，隨著殖民主義擴張，世界各地都有類似的現象。Fanon（2008）指出種族主義在非洲黑人身上製造了太多的幻覺，使非洲黑人厭惡自己的皮膚，行為與思考都希望可以當白人。明治維新之後，日本積極的模仿西方，故有論者指出如此使日本女性對西方白種男性加強了好感（Leupp 2003）。同樣受到模仿西方的影響，相對而言白種女性也被日本男性視為美的象徵，漫畫中美女多具白膚、尖鼻與湛藍的雙眼，以增添白人特徵展現美感（Wood 1997）。同受影響的是黑人形象，長期以來的形象就是野蠻愚笨（Hiroshi 1967），曾在臺灣服役的日本前首相中曾根康弘認為，是黑人使得美國人智能下降（Kearney 1998, 128）。

　　在華人世界，馬來西亞的華人歧視深膚色的馬來人，認為他們的地位只比黑人好一點（Jacques 2009, 247）。新加坡前總理李光耀為了鼓勵民眾學華文，指出他在英國念書時遇到許多不說中文的華人「行為舉止像黑人不像華人，因此他從那時起決心要學好華文」（郭麗娟 2010）。

1967 年政治大學熊祥林教授以政大學生為樣本，分析臺灣對世界各人種的印象，發現這些大學生對黑人的偏見比美國大學生還嚴重，因此「有謂中國人無種族偏見者，實屬武斷之論」（熊祥林 1967，528、547）。熊祥林所指的「中國人」當然指臺灣，但也對兩岸都有參考意義，因當時的政大學生絕對是學識上的菁英，就年齡而言也是二戰後受到美國、日本與中國文化影響的青年，所處時代剛好臺灣開始援助非洲。當政府大肆宣傳臺灣對外援助與豐厚的非洲友誼之際，菁英學子卻對黑人有很大種族偏見，鋪陳出臺灣對非洲的心理基礎。

臺灣 1960 年代開始援助非洲時，外交上每年最重要的工作是保住中國席位，而中國席位又是五大強權中唯一有色人種代表的國家，在這種複雜心態下，和孫中山一樣，期待與白人「列強並駕齊驅」，因此在做援助時，藉由「扶助弱小民族」而自我感到強大。也由於教授技術，故自我感到領先，可為非洲模範。當時相關的宣傳隨處可見，成就了當白人的驕傲，也影響了當時的青年。透過非洲，臺灣對自己代表文明深具信心，當時外交部亞西司幫辦鄒雲亭公開表示臺灣「要以稻米取代玉米及樹薯，成為非洲人的主食，改變非洲人的主食習慣」（外交部週報 1963，1）。

小小臺灣想用水稻改變非洲，可見把非洲看得多麼渺小，衍生出來對非洲的愛心與無數的農業奇蹟，有善意也有偏見。即使援非已超過一甲子，臺灣對非洲黑人的刻板印象改變不大。1991 年 3 月郝柏村答覆陳定南質詢時，在立法院回答「把我比成烏干達的阿敏我不生氣，但我為臺灣同胞叫屈，被看成與非洲黑人一樣無知」（張慧英 1991）。2013 年總統李登輝呼籲「不要看非洲黑人沒路用」（李欣芳 2013）。這兩位臺灣的領袖都大力推動過臺灣對非洲的援助，所透露出當代臺灣對非洲人的看法，十分具有代表性。

　　那麼外界應如何幫助落後的黑人？複製自己熟悉的模式給非洲，是常用的方法。臺灣農業援助其實就是要求非洲人學習我們熟悉的生產方式。歐洲殖民者解決問題非洲落後的方法之一就是教育，也就是把黑人教得像自己，藉著歐洲人當老師而非洲人當學徒，可以提升殖民者在非洲的地位、促進非洲人和殖民者溝通、強化道德、宗教、貿易與治理。曼德拉（Nelson Mandela, 1918-2013）就回憶，英國給他的教育是讓他崇拜英國，成為英國製造的非洲黑人菁英（Malisa & Missedja 2019, 4; Mosweunyane 2013, 51）。

　　將自己的形象給黑人複製即可達到進步的概念，美國學界也有類似研究。一些學者發現對非裔美國人的教育往往忽略文化差異，核心理念是教黑人行為、言語、思考要像白人，如此就能擺脫貧困、成績落後並解決社會問題（Hayes, Juarez, Cross 2011, 2-3, 14; Martin 2007, 24）。

　　除了教育，慈善捐助當然也是幫助非洲／黑人的方法，但是援助單位太多，競爭也多，因此許多單位為達到目的，偏好以煽情的形像來突顯非洲的貧困、無助與痛苦，刺激聽者或讀者的感官，以爭取支持。學界常把這種方法稱為「貧困色情」或「發展色情」（Poverty Pornography/ Development Pornography）。透過圖像雖能很快達成增加援助的目的，惟忽略了複雜的問題成因，只加強非洲黑暗與痛苦的形象（Bleiker and Kay 2007, 139-163），有學者認為是殖民主義的延伸（Manzo 2006）。這是典型的後殖民「他者」（the other）邏輯，因為強化非洲落後的刻板印象，就能對照自己的富國優越感，更願提供援助（Goldfinger 2006）。

參、慧禮法師的佛光山背景

提到 ACC 時常先提到佛光山，即使少數國際著作也是如此（Motswapong 2020, 192-193）。因此，有必要先討論佛光山與慧禮法師的關係。佛光山在 1970-1980 年代開始蓬勃發展，1974 年加入的慧禮法師必定深受影響。這段時間佛光山走出自己的特色。過去的佛教給人印象是靜態、苦修與封閉的僧眾，但是星雲大師把佛教走出山林，成為活躍、人間、國際、兩岸的佛教。透過建立自己的電視臺、媒體、學術論述、國際分院，許多現代商業的推廣手段都在佛光山運用，使佛光山成為伴隨臺灣經濟奇蹟的宗教發展奇蹟。

星雲大師不斷地將企業經營理念導入寺廟管理，再藉由組織系統匯合成強大的凝聚力，使宗教團體有更多資金去傳道布教，因此信徒也迅速發展膨脹，影響力延伸至中國大陸。因此，有中國大陸學者形容星雲大師「最懂得因應時代需求……善於應變與革新。」（唐中毛 2017，268）簡言之，佛光山成功之道是配合時代潮流，以適合社會人心需要的方式存在與發展，故吸引了包括官商學界的大批華人信眾。

1992 年由於南非布朗赫斯特市（Bronkhorstspruit）政府捐地，佛光山派慧禮法師赴南非建南華寺。1980 年代由於南非種族政策遭到許多國家抵制，而臺商趁此機會進入該國，經營十分成功，他們的收益也成了佛光山在南非的重要支持。在慧禮法師和臺商們的努力下，星雲大師 1994 年前往南非為十名來自剛果的青年主持剃度典禮。星雲法師相信這是首批出家的非洲人，也是佛教在非洲首次舉行的剃度典禮，可見佛光山當時支持慧禮法師，也認為這是法傳非洲的重要成果。

星雲法師只到了南非，該國的生活水平比非洲其他國家高很多，但在法傳非洲的言談中，和百年前的歐洲人或許多臺灣人相同，星雲大師十分強調非洲需要拯救，將南非和其他非洲地區的黑膚色人一概而論，說到非洲人也很少有國籍之分，大多以黑人稱之，也沿用了貧窮饑荒落後的形象，懷疑許多人品格有問題，故他立志「要讓非洲從黑暗走向光明」（星雲大師 2013a）。

即使讓非洲從黑暗走向光明的工程必定浩大，也有佛教在非洲首次舉行的剃度典禮的初步成果，星雲大師對慧禮法師蓋南華寺的大工程，批評十分嚴厲。認為他「心實在太大了，一個南華寺居然要蓋五個城門，工程沒有如期進行，還要賠上好幾億元」、「好大喜功，不計後果地想要在非洲建立佛教的王國」（星雲大師 2013b）。積欠數字太高使星雲大師被迫要募資完成南華寺工程，包括吳伯雄在內都捐了為太太買鑽戒的一萬美金。

如此開支給佛光山造成龐大的財務壓力。慧禮法師不久後就被免去負責南華寺的工作，但幾乎同時，他也在馬拉威註冊了 ACC，使其正式成為該國管理的非政府組織（Non-governmental organization, NGO），不久之後，也以 ACC 為基礎，進一步與佛光山分道揚鑣。

肆、上帝與榮耀：孤兒教育與法傳非洲

一、佛光山式行銷

把非洲視為黑暗而需要拯救與改造，不僅是星雲大師與慧禮法師的眼光，也與歐洲殖民者相同。佛光山之所以在各地發揚光大，辦學校、出版品、媒體宣傳都是重要策略。常年在佛光山的慧禮法師，實際上也複製了這個策略。透過出版、媒體、辦學校等方式，鞏固 ACC 的支持者。

早年佛光山宣傳上很重要的一點就是與政商名人結合，以吸引注意力。ACC 的活動中，常有許多著名人物，包括周華健、孫翠鳳、馬英九等等，而在非洲國家開設學校時，也有當地非洲政治領袖參與，更強化其說服力，也與佛光山早年與社會菁英結合的策略類似。

　　雖然一些外國著作還不是很清楚佛光山與慧禮法師的關係，但慧禮法師已離開佛光山系統，在行銷上很快透過中文出版品，將原來南華寺的工作與 ACC 切割，強調佛光山的設計只是為華人服務，而自己是為非洲人與佛教非洲化服務（張融琳 2010，118-119）。在法傳非洲的概念下，ACC 宣傳品上充滿黑膚色的圖像，地理上脫離經濟生活較進步的南非，進入真正意義的黑非洲，和南華寺僅有地理上位於富饒的南非，緊臨非洲最大華人區，的確比佛光山更具說服力。

二、形象運用

　　其次，和許多西方學者注意到的貧困色情理論相同，ACC 十分強調非洲的落後性。無論是張小燕訪問孫翠鳳，或是宗應法師與利菁的對談，都是很好的例子。[3] 談話內容指出非洲由於戰亂與飢餓，孩子被丟在橋邊、草叢、垃圾堆與水溝旁，被一個個撿回來養，非常符合臺灣或華人一般對非洲的概念，即非洲政府彷彿不存在，人民活在殺戮中。

　　然而，就像星雲法師短暫到南非，卻覺得在拯救非洲一樣。非洲很大，每個國家不一樣，至少在慧禮法師設孤兒院的國家，戰亂都不是特別嚴重。孫翠鳳受訪時 ACC 的孤兒院位於馬拉威、賴索托與史瓦帝尼，屬於非洲十分和平的地方。一個國家能維持和平，可見政府能夠有作用，例如 ACC 就必須要到政府單位去登記為 NGO 才能開始運作，可見對孤兒也有一定

3　中天綜合臺《SS 小燕之夜》（https://www.youtube.com/watch?v=wn7rvlHFxgU; 10:50 開始）；臺視《鑽石夜總會》（https://www.youtube.com/watch?v=8adPxNGBpME&list=PLKLqqy4W8ac9xRHmcpWKRiimBf5WFynlX; 3:20 開始）。

的管理規章，不至於到處扔給外國人撿，事實上協會收養孩子也有一定的規章。以作者田野調查過的馬拉威分院為例，孤兒定義不一定是父母雙亡，其中一方死亡或外出工作，也算是孤兒。

　　和許多其他國際救援組織相同，ACC 為了爭取支持，強調非洲黑人貧窮落後、政府失能，人民無依靠，突顯出閱聽者的優越感，繼而成為鞏固支持的一種方式。

三、複製臺灣人解決非洲問題

　　ACC「師法早年歐洲傳教士設立教會學校，啟迪非洲當地教育」（刁曼蓬，2019），很符合前述西方文化進入非洲時的理論。ACC 的閱聽者絕大多數都是華人。中文教育是整個孤兒教育非常重要的核心，也就是把非洲人教得像自己，就能擺脫貧窮落後。如慧禮法師所說，「ACC 的院童，其實就是接受中華文化薰陶教養之下，所展現出十足臺灣風味的非洲小孩」。[4]

　　要教出有中華文化的臺灣小孩，自然需要中文教育的師資。這些語言老師有一部分來自臺灣，因此臺灣人能在非洲看到注音符號的使用，再加上流利的中文，必定感受到「臺灣風的非洲小孩」的親切感，也對慧禮法師「圈起來養」深表認同。[5]接受只要他們被非洲人區隔出來，模仿臺灣人，就能成為「具有感恩心、慚愧心和廉恥心的新品種非洲人」的想法。[6]

　　臺灣雖然沒有殖民非洲，但非洲似乎隔離訓練出一批黑色臺灣人，而出現光明的前途。許多臺灣媒體都訪問過 ACC，也重述這些理想，包括「改造新一代非洲人」、「創造他們成為具有感恩心、慚愧心和廉恥心的新品

4　公視《主題之夜》（https://www.youtube.com/watch?v=IV1Voch9QbA，0:10）。

5　阿彌陀佛關懷中心介紹（https://www.youtube.com/watch?v=l4B7EfEPLpc 12:20）。

6　非洲阿彌陀佛關懷中心簡介（https://www.youtube.com/watch?v=GlHkMA_Tw-w 7:08）。

種非洲人」（劉正慶 2005）。從星雲法師到慧禮法師，他們的理想其實也是複製許多西方學者檢討過的策略，也就是把黑人訓練得像自己，就能讓非洲從黑暗走向光明，也是法傳非洲的必要步驟。

這個策略讓 ACC 在非洲的名聲，幾年內就超越了佛光山的南華寺。即使北京龍泉寺在 2014 年也派人到波札那（中國大陸譯博茨瓦那）建博華寺，七年來無論規模、視野、支持度，都遠小於慧禮法師。

四、複製華人解決非洲問題

ACC 能以一己之力超越南華寺與博華寺，可見不能僅依靠臺灣捐款。臺灣與南非臺商經濟實力已不如三十年前，要達到法傳非洲的理想，一定要再尋求更多支持。ACC 的非洲兒童除了會說中文，還會唱臺語歌與歌仔戲，強烈的文化形象讓慧禮法師不僅得到南非臺商的支持，也有臺灣本地人的支持。臺語在中華文化下屬於福建方言，而說同樣語言的華人必然也會有「改造新一代非洲人」的類似反應，這解釋慧禮法師很大一部分的支持者，來自於福建話流行的東南亞地區。

在表演活動中，功夫是很重要的一環。從李小龍開始，武打伴隨的民族主義式電影風靡全球，中國功夫成為一種普遍接受的中國形象。表演中國功夫雖然也能爭取華人認同，然而不同地區的華人，由於不同的政治原因，卻不一定歡迎中國形象。為了爭取支持，這些非洲兒童的表演也十分注意政治，即使 ACC 的功夫教練是從中國請來的，仍有必要將中國功夫改稱「中華功夫」。

功夫的另外一層意義是改變形象。前述爭取支持的形象中，強調的是非洲兒童瘦弱，但功夫是武打與中華文化的形象，具體化塑造經由華人教育後，非洲改瘦弱為強壯的形象，兩者對照更能爭取支持。

　　學校、出版品、媒體宣傳之外，和佛光山將影響力往中國大陸擴展一樣，以中華文化為核心的 ACC 院童，也很容易協助慧禮法師爭取到中國大陸的支持。需要中國教練只是 ACC 與中國合作的一小部分，臺灣的師資不足，無法持續維持這些學生的中文課，也有賴中國大陸的國家漢語國際推廣領導小組辦公室（國家漢辦）派員加以協助，應也有中國醫療團的協助。南非導演 Nicole Schafer 在訪談中提到的中國大陸影響，醫療人員也有中國大陸的旗幟，應是指北京外交單位提供的協助。

　　臺灣師資不足，必然也是由於資金有限，ACC 教育與醫療須中國協助，也表示要維持這個法傳非洲的資金，中國也是十分重要的來源。2008 年慧禮法師曾帶領馬拉威兒童前往少林尋根，2010 年與 2011 年分別前往上海世界博覽會與西安世界園藝博覽會表演。為了爭取支持，他在中國大陸的自我身分上強調炎黃子孫，大環境則強調 21 世紀中華民族崛起，發展理念上除了佛法，整體展現的更強調用中華文化與佛法滋養非洲。[7] 其核心理念和他在臺灣的宣傳相同，暗示中國聽眾可以藉由在非洲複製中國人解決非洲問題。

　　隨著兒童長大，慧禮法師也需要他們尋找更多求學機會，臺灣之外，中國應也是很重要的考慮。有限的資料中顯示，2015 年，在一帶一路的大旗下，中國國企華信能源集團捐了五百萬港幣做為 ACC 的留學與訪問資金（子京 2017）。現在，慧禮法師在北京也有聯絡處，可見對中國大陸而言，臺灣在非洲弘揚佛法，教授中文，不但不是對中國的威脅，還有助擴張中國影響力。

　　事實上，由於提供中文教育，ACC 為孤兒設計的教育系統，也有不是孤兒而想加入的。設法進來的人員中，想追求佛法的人有限，看上的 ACC

7　慧禮法師上海世博會開示（https://www.youtube.com/watch?v=f30uwo7n7wE 2:20 開始）。

的中文教育的成分可能多一些。在中國與非洲經貿關係密切的時代，會中文是求職利器，對前往非洲但語言能力不佳的中國商人具有吸引力，[8] 也更合理化以中文為基礎的教育意義。

　　總之，慧禮法師與 ACC 運用活潑的宣傳方式，從華人對非洲的族群視角切入，師法早年教會學校的策略，強調透過臺灣／中華文化塑造新一代非洲人，進而拯救非洲。因這個邏輯成功爭取到華人支持者，才能擴張如此快速，也表示大量捐款人認為透過這樣的方式，可以達到法傳非洲的理想，爭取到宗教的榮耀。

伍、黃金與榮耀：中國大陸在非洲的投資與援助

　　中國與非洲經貿關係急速擴張，與其對援助非洲的態度變遷有很大關聯。北京在上世紀中葉開始與非洲發展關係時，非常強調反殖反帝，以協助非洲人脫離西方控制為職志，因此特別注意自己與白人種族態度的差別。周恩來於 1964 年提出了「中國對外經濟技術援助的八項原則」[9]，充分顯示這樣的熱情，華國鋒也告誡援非人員：「不得嫌非洲人懶、髒，而應當看到非洲人民革命的一面，平等待人」（蔣華杰 2013，46）。只是從華國鋒的話也可看出，即使是官方審核過的出國人員，清末民初以來對黑人的刻板印象仍然存在，只是在社會主義兄弟的意識形態下因國家壓制而

8　《消失的國界》訪問 ACC 片段（https://www.youtube.com/watch?v=bTK9xF4bAdc 12:00 開始）

9　第一，中國政府一貫根據平等互利的原則對外提供援助，從來不把這種援助看作是單方面的賜予，而認為援助是相互的。第二，中國政府在對外提供援助的時候，嚴格尊重受援國的主權，絕不附帶任何條件，絕不要求任何特權。第三，中國政府以無息或者低息貸款的方式提供經濟援助，在需要的時候延長還款期限，以儘量減少受援國的負擔。第四，中國政府對外提供援助的目的，不是造成受援國對中國的依賴，而是幫助受援國逐步走上自力更生、經濟上獨立發展的道路。第五，中國政府幫助受援國建設的項目，力求投資少，收效快，使受援國政府能夠增加收入，積累資金。第六，中國政府提供自己所能生產的、品質最好的設備和物資，並且根據國際市場的價格議價。如果中國政府所提供的設備和物資不合乎商定的規格和品質，中國政府保證退換。第七，中國政府對外提供任何一種技術援助的時候，保證做到使受援國的人員充分掌握這種技術。第八，中國政府派到受援國幫助進行建設的專家，同受援國自己的專家享受同樣的物質待遇，不容許有任何特殊要求和享受。

暫時消失。

　　1980 年代前，中國大陸像臺灣一樣，努力提供不求經濟回報的援助。1980 年代後隨著改革開放，革命熱情不再，如鄧小平指中國對受援國「熱心過度……使他們躺在我們身上過日子」（楊鴻璽 2009）。貧窮不再是革命象徵，而是中國極力擺脫的形象，對同樣有貧窮形象的非洲，態度也因而調整。當時非洲到中國的留學生，普遍被認為拿中國的援助，因此在校園中常受到許多暴力對待，相對而言，白人學生卻被普遍視為中國美好未來的象徵（Sullivan 1994; Barry 1994）。對黑人態度轉變，也影響了援助態度。暴力與政策檢討，顯示出官民間不再願意無條件為非洲奉獻，探索新外援方式成為必須，目的是要省錢，但是省錢卻又不能省掉大國身分，所以仍要提供援助。

　　中國在 1970 年代初開始獲得日本援助，而日本政府援助結合投資的方法立即為中國採用（Brautigam 2011, 4-5），衍生出包括替援助人員尋找商機、將打消的外債轉為國營企業股份、補貼貸款等等方式，幫中國企業賺錢。李先念把這種改變改變贈予的援助觀念，稱為「要給也要撈」（蔣華杰 2019，147）。趙紫陽則加以修飾，於 1983 年訪問非洲時，提出著名的經濟技術合作的四項原則：「平等互利、講求實效、形式多樣、共同發展」。簡言之，中非關係中的援助改稱合作，不再是單方給予，主要強調經濟互惠，造血而非輸血。

　　除了對外援助與投資結合的模式，中國本身內部經濟起飛也得力於吸引外資，而非外來贈予，這些成功經驗使中國更堅持援外與投資結合策略。為了展現其政策正確性，新聞控制良好的中國，常出現非洲的感恩聲以證明政策成功。如中石油集團透過貼息貸款在蘇丹建立了石油工業，媒體稱總統 Omer H. A. Elbashir 說：「是中國人民幫助我們開發了石油……感謝中油集團，感謝中國政府，感謝中國人民，感謝中國對蘇丹的支持和援助」

（新華網 2005）。蘇丹總統的一連串感謝使中國在盈利之餘，形象上仍維持數十年來的無私援助，但蘇丹駐中國大使卻曾告訴中方：「我們蘇丹歡迎外來投資，如果把貸款算作你們對我們的投資，我是領情的。如果非要說這是對我們的援助，我實在想不通」（周弘 2013，164）。

　　中國在非洲主要的行為是投資開發，實際援助金額往往化成優利貸款等補貼方式，鼓勵國有企業投資，等於是變相支持國企走出去。然而，走出去後挑戰才開始。投資的企業與貸款國家都要詳細評估，因為盈虧自負，欠債還錢。仔細評估的商業行為，就中方而言當然是利己，可是一旦到了落後的非洲做生意，表面上就會十分強調利他，實質目的是賺錢但宣傳上是獲得非洲官民的由衷感恩，如此企業盈利成了幫助非洲。這種論述也只出現在中非關係十分特殊，因為中國在西方國家投資，從來不會自認為是幫助西方國家。

　　企業盈利還得到非洲人感謝，是中國媒體普遍呈現的形象。1980 年代以來，平等互利的外表下，談到中國投資時卻幾乎都是非洲人效率低，中國企業點石成金，常使非洲人經營不好的產業轉虧為盈，「產量和銷售量月月翻，達 X 萬美元」等等，整體而言就是暗示非洲人素質比中國人低。即使談到中國在非洲賣糧食，都像在布施。《人民日報》登載前政協主席李瑞環形容中國企業售糧是「一種扶貧濟困的人道主義的高尚行為」（劉正學，2003）。

　　認定非洲人連錢被中國人賺走都會感謝中國，說明種族意識成為鼓勵中國人們投資的力量。社會上甚至出現投資非洲專家，完全以種族意識為基礎，認為落後的黑人會祈求中國人到非洲來開發，使所以中國人一到非洲就能致富，更吸引了包括中央電視臺在內的諸多媒體報導（Liu, 2018）。中國審計署下轄出版社的投資非洲專書，解釋中國人必定能致富的理由：「上帝賦予了非洲如此優越的生存環境，才造成了黑人曠日持久的惰性……中國普通農民到了非洲就可成為專家，一般的技術人員來到非洲則可稱為教授」（劍虹 2007，25）。

　　和當初殖民主義者相同，非洲黃金遍地、致富機會多，乃基於黑人的落後性。援助和投資原是不同概念，但中非經濟合作充滿了非洲人感謝與中國投資獲利的平行宣傳。眾多感謝詞彙確定了非洲人需要被幫助，與雙方的階級高低，賺錢與做功德變成同一回事。北京官方每隔幾年就會選出「感動非洲」的人物或企業。人們通常因為無私奉獻才會感動，但在中國官方眼中，這些感動非洲的主角，常是在非洲當老闆的中國人。藉著把他們的工作形容得像慈善事業，使中國企業也獲得了和慈善團體相同的聲望。

　　簡言之，雖然中國官民看待非洲也有種族視角，卻被詮釋為投資的好機會，強調的是透過互利合作，中方獲得財富的同時，非洲也得到基礎建設、就業、經濟成長等好處，非洲人因此會感激中國，而中國也獲得幫助非洲的名聲與榮耀。

陸、黃金、上帝、榮耀：ACC 的新詮釋與臺灣經驗

　　雖然中國做的實際工作是企業投資與金錢利益，常遭剝削等批評，但是有投資和盈餘才能永續，也使中國今日在非洲發展的角色無法忽視。相對而言，非政府組織在非洲的活動即使立意良善，也擁有拯救弱勢的道德高度，更有很大的活動彈性，但由於主要靠捐款，收入不穩定，也常因資金限制而影響發展。此外，缺乏政府支持，也增加其工作成本，影響長期規劃（Nega and Schneider 2014; Khan and Ahmed 2003）。因此就財源而言，即使聯合國都鼓勵從事慈善工作的非政府組織，要設法與企業結合（Viravaidya and Hayssen 2001）。

　　而 ACC 多年來倚靠慈善捐款，收入必然不穩定，為了長期發展，近來也開始有調整。一方面賣橄欖油和南非茶籌集資金，一方面學校也開始收費，朝寄宿學校轉型，孤貧兒童則在學校中用以工代賑等方法另外安排。前者強調購買產品才能協助「蠻荒非洲」的孤兒，[10] 藉用種族圖像以開拓華人市場。後者則針對非洲教育市場，而提供中文教育的寄宿學校必然是開拓非洲市場的利器。

　　和中國對外援助的轉型相同，慧禮法師也改變論述方向，從不求回報的慈善，轉成合作的概念，提出要「以商養道」，朝「造血」方向走（林冠伶，2018）。這符合當今非政府組織與企業結合的潮流，因為鞏固財源，或者說有了黃金，才能使 ACC 的慈善行為永續，也才使法傳非洲的理想更為務實。

　　就臺灣政府而言，即使 ACC 是臺灣在非洲全面倒退中逆勢成長的力量，政府對 ACC 的支持十分有限，[11] 並未對其在非洲的擴張有特別鼓勵。這個部分如果未來 ACC 能善用其於學校所在地的連結，或能爭取更多官方的支持。相對而言，臺灣政府若還想經營非洲，ACC 在非洲的發展值得參考。慧禮法師領軍下能在非洲與華人世界迅速發展，必然十分了解華人與非洲的心理與物質相互需求，其策略轉折更是十分珍貴的經驗。

　　ACC 的經驗顯示，在非洲不是只有慈善與救助，同時也有市場可以開發，這正是臺灣政府最需要的觀念：以商養道，造血才能輸血。黃金、財富、上帝、慈善、宗教相輔相成，方能使共享榮耀。

---

10 ACC 冷壓初榨橄欖油廣告（https://www.youtube.com/watch?v=G--rxVJ7AXk, 1:00 開始）。

11 訪談外交部非政府組織委員會副執行長林讚南先生，時間是 2020 年 11 月 5 日上午 10 時，地點在其外交部辦公室。

柒、結論

　　兩岸乃至華人文化圈，和全球許多的殖民遺緒相同，對非洲都有刻板印象。西方殖民時代講究的黃金、上帝、榮耀三大動力，兩岸與華人圈正分別完成。基於認定非洲落後，中國大陸強調的是藉機累積財富，成功地動員大量中國人前往投資，追求黃金與榮耀，造成今日的經濟擴張。臺灣從早年的援助開始，強調的都是文化和贈與。慧禮法師接續這個傳統，提供孤兒教育，追求佛法傳遞非洲，動員臺灣與其他華人圈捐款追求的宗教與文化的滿足感，使 ACC 在過去二十年快速擴張，和殖民時期對上帝與榮耀的追求，也是異曲同工。

　　臺灣雖然在經濟擴張上不如中國大陸，但從佛光山到 ACC，可以看出臺灣的宗教結合華人市場，有很強大的行銷能力。佛光山與 ACC 雖已分屬不同單位，但相同的是透過媒體、出版、辦學與宣傳論述，吸引來自全球的支持。由於支持者多為華人，也是靠著將非洲人塑造為華人而獲得支持，從學理來看，這種慈善的力量，本來就無法避免族群或文化的質疑。因此只要 ACC 擴張，南非導演 Nicole Schafer 等人的類似質疑只會持續。

　　雖然無法制止質疑，但卻可以減少其力度。質疑的核心其實是中國文化及 ACC 與中國的聯結，而四處尋找支持的慧禮法師很難拒絕來自中國的資金與教育協助。政府應思考協助 ACC 在非洲持續發展，促進其「以商養道」，至少毋需再倚賴中國大陸的支持，同時也藉 ACC 擴展臺灣在非洲聯結。

　　慧禮法師開始強調以商養道，一方面顯示其詮釋法傳非洲的時代意義，另一方面也顯示援助的現實：有獲利才能維持永續發展。半世紀前，臺灣曾經在非洲有許多政治經營，這些經營由於北京龐大的政經實力，在本世紀初逐漸凋零。ACC 在政府實力凋零時，展現臺灣宗教團體逆勢而上

的實力，另外開一個文化與精神的擴張場域，再從一個純慈善組織，開始
尋求與商業結合。這不但和中國對非洲策略轉型有相似處，也值得臺灣政
府制定非洲策略時參考。

參考文獻

一、中文文獻

刁曼蓬，2019。〈遙遠非洲的臺商英雄們——陳阡蕙 首位南非華人國會議員〉，
　　《工商時報》5 月 22 日（https://view.ctee.com.tw/economic/10056.html）。查
　　閱時間：2021 年 5 月 5 日。

子京，2017。〈中國文化院捐 500 萬助 ACC 生神州留學〉。《香港文滙報》。
　　7 月 14 日（http://paper.wenweipo.com/2017/07/14/AY1707140004.htm）。查
　　閱時間：2021 年 5 月 6 日下載。

李欣芳，2013。〈馬政府搞外交不認真沒頭腦〉。《自由時報》。11 月 17 日。

林冠伶，2018。〈和尚爸爸立誓五世埋骨非洲〉，《理財週刊》957 期。（https://
　　www.moneyweekly.com.tw/Magazine/Info/%e7%90%86%e8%b2%a1%e5%91%
　　a8%e5%88%8a/32207/）查閱時間：2021 年 5 月 5 日。

周弘，2013，《中國援外 60 年》，北京：社會科學文獻出版社。

星雲大師，2013a。《百年佛緣 10——道場篇 2》。佛光文化（http://www.
　　masterhsingyun.org/article/article.jsp?index=5&item=8&bookid=2c907d494b3ecd
　　70014b529cbcfa000a&ch=6&se=0&f=1）。查閱時間：2021 年 5 月 5 日下載。

星雲大師，2013b。《百年佛緣 11——行佛篇 1》。佛光文化（http://books.
　　masterhsingyun.org/ArticleDetail/artcle5719）。查閱時間：2021 年 5 月 5 日下
　　載。

唐忠毛，2017。〈論人間佛教的「現代性」與「傳統性」——從太虛大師到星雲

大師〉。收於程恭讓、妙凡法師編，《星雲大師人間佛教理論實踐研究》。佛光文化。頁 250-269。

康有為（鄺柏林選注）。1994。《大同書》。瀋陽：遼寧人民出版社。

張慧英，1991。〈郝揆澄清無種族歧視〉。《中國時報》，3 月 27 日，第 2 版。

張融琳，2010。《行腳非洲的和尚爸爸》。臺北：一家親文化，2010，頁 118-119。

郭麗娟，2010，〈李資政：若無雙語教學，新加坡華人會丟了根〉，《聯合早報》（新加坡），6 月 27 日，第 6 版。

新華網，2005，〈專家視點：民營石油資本的對外投資機會〉，http://big5.xinhuanet.com/gate/big5/news.xinhuanet.com/fortune/2005-06/10/content_3067760.htm，查閱時間：2015 年 8 月 3 日。

熊祥林，1967。〈民族態度與偏見〉。《國立政治大學學報》15: 501-561.

劍虹，2007，《最後的金礦：無限商機在非洲》，北京：中國時代經濟出版。

楊鴻璽，2009。〈中國對外援助與發展〉。《學習月刊》439：（40-42）。

劉正慶，2005，〈馬拉威系列報導（三）〉，《中央社》11 月 8 日（https://www.epochtimes.com/b5/5/11/8/n1112770.htm）。查閱時間：2021 年 5 月 4 日。

劉正學，2003，〈中國人要做好示範——記李瑞環主席參觀中贊友誼農場〉，《人民日報》，2 月 19 日。

蔣華杰，2013。〈農技援非（1971-1983）：中國援非模式的成效與個案研究〉。《外交評論》1:30-49。

蔣華杰，2019。〈現代化、國家安全與對外援助——中國援非政策演變再思考，1970-1983〉。《外交評論》6: 121-154。

二、英文文獻

Bleiker, R. and Kay, A. 2007. Representing HIV/AIDS in Africa: Pluralist Photography and Local Empowerment. *International Studies Quarterly* 51 (3): 139-163.

Brautigam, Deborah. 2011. *China in Africa: What Can Western Donors Learn?* Oslo: Norfund.

Dikotter, Frank. 1992. *The Discourse of Race in Modern China.* Stanford, CA: Stanford University Press.

Fanon, Franz. 2008. *Black Skin, White Masks.* New York: Grove.

Gilens, Martin. 1995. "Racial Attitudes and Opposition to Welfare." *The Journal of Politics* 57(4): 994-1014.

Goldfinger, D. (2006). Development Pornography: Images of the Global South. *art'ishake* 2: 4-5.

Hayes, C.; Juarez, B.; Cross, P. 2011. What can we learn from Big Mama. *Critical Education*, 3 (1): 2-20.

Hiroshi, Wagatsuma. 1967. "The Social Perception of Skin Color in Japan." *Daedalus* 96 (407-443).

Jacques, Martin. 2009. *When China Rules the World: The Rise of the Middle Kingdom and the End of the Western World.* London: Penguin.

Kearney, Reginald. 1998. *African American Views of the Japanese: Solidarity or Sedition?* Albany, NY: State University of New York.

Khan M and Ahmed,S. 2003. Relative Efficiency of Government and Non-government Organisations in Implementing a Nutrition Intervention Programme – A Case Study from Bangladesh. *Public Health Nutrition*, 6(1)19-24.

Leupp, Gary. 2003. *Interracial Intimacy in Japan: Western Men and Japanese Women, 1543-1900.* London: Continuum.

Liu, Philip Hsiaopong. 2018. "Finding the Baoding Villages: Reviewing Chinese Conceptualisation of Sino– African Agricultural Cooperation." *Africa Spectrum*. 53(2): 91-118.

Martin, Danny B. 2007. Beyond Missionaries or Cannibals: Who Should Teach Mathematics to African American Children? *The High School Journal*, 91(1), 6-28.

Motswapong, Elizabeth Pulane. 2020. Sowing the Seeds of Dhamma: Buddhism and Development in Africa. In Ezra Chitando, Masiiwa Ragies Gunda & Lovemore Togarasei (eds.) *Religion and Development in Africa*. University of Bamberg Press. 185-202.

Malisa, Mark & Missedja, Thelma Q. 2019. Schooled for Servitude: The Education of African Children in British Colonies, 1910-1990, *Genealogy* 3 (40): 1-12;

Manzo, Kate. 2006. An Extension of Colonialism? Development Education, Images and the Media. *The Development Education Journal* 12 (2): 9-12.

Mosweunyane, Dama. 2013. The African Educational Evolution: From Traditional Training to Formal Education, *Higher Education Studies* 3 (4): 50-59.

Nega, B and Schneider,G. 2014. NGOs, the state, and Development in Africa. *Review of Social Economy*. 72(4): 485-503.

Sautman, Barry, 1994. Anti-Black Racism in Post-Mao Africa. *China Quarterly*. 138 (413-437)

Sullivan, Michael J., 1994. The 1988-89 Nanjing Anti-African Protests: Racial Nationalism or National Racism. *China Quarterly* 138 (438-457)

Viravaidya, M and Hayssen,J. 2001. *Strategies to Strengthen NGO capacity in Resource Mobilization through Business Activities*. UNAIDS.

Wood, Joe. 1997. "The Yellow Negro." *Transition* 73: 40-66.

NGO 在非洲運作：機遇、發展與挑戰

張允欣

（世臺聯合基金會東非中心秘書長）

摘要

　　國際 NGO 作為彌補政府無法涵蓋的社會功能的民間組織，在非洲社會具有無可取代的位置。在撒哈拉沙漠以南，連道路等基礎建設都還未全面發展的地區，國際 NGO 在未成年人教育、醫療衛生、人道援助及性別平權等領域，持續推動非洲與國際社會接軌，讓非洲成為受惠於國際非營利組織最深的地區。本文透過直接觀察、參與觀察、文獻分析等三個面向，來討論研究 NGO 在非洲的運作機遇與發展挑戰，詳細探討國際 NGO 在非洲面臨（1）難以在地自籌經費，（2）組織管理需要轉型，（3）人力資源素質不一，以及（4）基礎建設尚未完備等挑戰，卻也掌握（1）廣大農村人口及天然資源，（2）可開發的女性人力資源，（3）發展符合 SDGs 之社會企業的最佳場域等正向條件，期許在非洲之國際 NGO 發展或轉型為掌握非洲優勢資源的社會企業，繼續實踐國際 NGO 的使命。

關鍵詞：烏干達、非洲、社會企業、非政府組織

壹、前言

　　臺灣 NGO 每年投入國際多達數百個計畫，在未成年人教育、醫療衛生、環境保護、人道援助及社會福利各領域多有耕耘。臺灣的民間組織在國際合作的場域中具有求新求變、以質取勝的特質。不同於官方主導的 NGO，民間組織較能排除政治色彩，地區也不限於邦交國，是公民外交的展現，在許多時候都是官方援助計畫的執行單位。舉例來說，行政院農委會農糧署的糧食援外計畫，就以非洲為主要接受援助的地區，而在非洲地區的糧食運輸行動，就是有勞慈濟與世界展望會在受援地區的人力配置才能完成（財團法人國策研究院文教基金會 2019）。

　　近期活躍於臺灣與非洲交流活動中的臺灣 NGO，包括慈濟基金會、舊鞋救命、天愛花布、臺飛國際志工交流協會、世臺聯合基金會東非中心與阿彌陀佛關懷協會等。

　　以舊鞋救命來說，2014 年起在東非地區執行捐贈舊鞋解決沙蚤危害偏鄉兒童的問題，並展開興學、鑿井、農耕及婦女關懷等社區發展計畫，堪稱新型態 NGO 的典範。

　　非洲各國的人均 GDP 與非洲以外的地區相比明顯偏低，顯示非洲多數國家的人民所得除了解決食衣住行上的需求，能夠幫助有急難需求的他人可能性不高（Shivji 2007; Carey 2012）。政府多半忙於處理基礎建設及醫藥衛生等顯著民生問題，對社會福利著墨甚少，因此孤兒在非洲社會是絕對的弱勢（Hielscher et al. 2017）。阿彌陀佛關懷協會在莫三比克、馬拉威、納米比亞、史瓦帝尼、賴索托及馬達加斯加等六國設有孤兒教育單位，除了能完整照顧、教育超過 1,000 名未成年孩子（其中包含 71 位罹患愛滋病童）之外，還能提供將近兩萬名孩子的食物發放及營養照護。

　　東非缺乏生產電腦的條件，長期以來也缺乏資訊人才（Ademuyiwa &

Adeniran 2020, 13-15）。一般人即便完成高中教育，也未必能夠使用過電腦，造成電腦文書作業成為不易習得的技能，資訊能力普遍低落。臺飛國際志工交流協會自 2008 年起在肯亞及坦尚尼亞推動資訊教育，建設電腦教室還培育種子資訊教師，精準地將臺灣的優勢與非洲分享，而世臺聯合基金會東非中心也將在疫情緩和之後，與臺飛國際志工交流協會合作，在烏干達複製成功的資訊教育模式，以主動投入資源的方式，提供烏干達青年就業機會。

　　臺灣投入非洲行動的 NGO 還在持續找尋最佳的著力點，企圖讓影響力最大化。本文基於直接觀察及參與觀察的經驗，並佐以 IMF、World Bank、UN Women 等國際非營利組織所提供的資料，分析 NGO 在非洲運作機遇與發展挑戰，主要發展挑戰為（1）難以在地自籌經費，（2）NGO 的管理需要轉型，（3）人力資源素質不一，（4）基礎建設尚待發展；而運作機遇的正向條件為（1）廣大的農村人口及豐富的天然資源，（2）可開發的婦女勞動力，及（3）發展符合 SDGs 之社會企業的最佳場域。

貳、研究方法

　　本文從直接觀察、參與觀察、文獻分析等三個面向，來討論研究 NGO 在非洲的運作機遇與發展挑戰。本文研究方法最重要的環節是直接觀察。SDGs 十七項目標都是相當複雜的議題，對於 NGO 在非洲的發展都有不同程度的重要性，但在地直接觀察才有可能選出最能解決、最需要解決的問題，進行系統性的研究探討。本文作者於 2010 年 7 月至 2015 年 1 月期間多次於西非奈及利亞進行語言田野調查，居住於奈及利亞中部 Kogi State 民居時間總和超過一年，更於 2013 年起組織村落青少年共同舉辦學齡前兒童拼寫工作坊，開始累積非學術國際工作經驗。從個人在地的直接觀察經驗，本文所選的是貧窮議題與性別平等議題。

　　直接觀察選出議題後，本文以參與觀察法系統性探索所選議題的問題譜系。筆者於 2018 年 11 月開始於烏干達經營婦女工作坊，於籌備期間曾與四個不同夥伴機構合作專案，專案類型包括資助孤兒、募集物資、資訊教育及輔導難民單親媽媽，曾直接培訓四名婦女裁縫，並連結臺灣資源及技術與七名資歷不等的女性難民裁縫合作設計案參展，目前有二名在地全職女性員工，並有 10 名左右兼職女性裁縫參與計畫。2020 年 3 月起新冠肺炎疫情期間與烏干達團隊及世臺聯合基金會東非中心南蘇丹計畫工作坊以遠距方式持續經營婦女工作坊。從主導建設和參與建設不同類型的工作坊和組織，本文提出若干 NGO 的發展挑戰和運作機遇，進行細部討論。

　　討論方式，以文獻分析為主。所選文獻皆為關注同類型 SDGs 議題的NGO 計畫項目相關的工作成果和觀察分析。本文抽取不同計畫項目中比較成功的運作機制和發展模式，來考慮未來領導建設和參與規劃的 NGO 項目可以如何改進、如何發展等。

參、運作機遇與發展挑戰

一、發展挑戰一：難以在地自籌經費

　　非洲各國的 GDP per Capita 與非洲以外的地區相比明顯偏低。圖一是 2021 年 IMF 的全球 GDP per Capita 區間地圖。我們可以看見，非洲 54個國家當中，只有二個國家在 USD15,000-25,000 的區間。有 15 個國家在USD5,000-15,000 這個區間，有一半以上的國家落在 USD5,000 以下的其他區間。這個資訊圖說明，非洲多數國家人民的所得除了解決食衣住行上的需求，能夠用以幫助有急難需求的他人可能性不高。

　　因此，在非的 NGO 因難以在地自籌經費，往往長期高度依賴國際資金（Nitsan 2020；Reimann 2006）。撒哈拉以南非洲的 NGO 所面臨的挑戰，一直以來財務都是其中之一，財務上的挑戰延緩了所有援助及發展行動的速度（Dupuy, Ron & Prakash 2013）。以撒哈拉以南非洲的一些國家為例，烏干達 80% 以上的 NGO 資金是仰賴國際資金，肯亞甚至達到 90%（Holmén 2019: 523）。

圖一

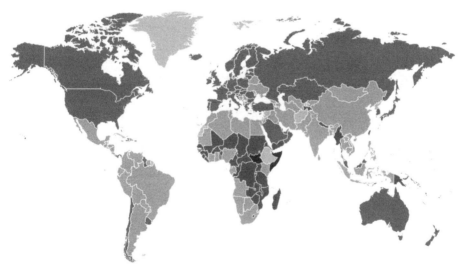

資料來源：IMF （06May2021）https://www.imf.org/external/datamapper/PPPPC@WEO/OEMDC/ADVEC/WEOWORLD

　　那 NGO 如何籌措經費？ Despard 提出，收入多元化是應對財務挑戰的一種適應性應對措施（Despard 2017: 2125），但撒哈拉以南的非政府組織之收入多元化與財務脆弱性的研究並不多，以至於關鍵證據十分缺乏。Despard 的研究使用來自非政府組織相關網路數據。他假設，收入來源的多元化程度與財務韌性具有關聯性：一個非政府組織對國際資金的依賴程度越高，其財務上的脆弱性就越高。分析結果顯示，擁有四種或更多類型的收入能降低 87% 的財務脆弱性，與沒有國際資金的非政府組織相比，若非政府組織的國際資源提供資金不超過 50%，則其財務脆弱性較國際資金超過 50% 的組織低 17%（Despard 2017: 2138）。若在非洲的 NGO 之營運資金比重不超過 50% 是國際資金，而有一半以上的資金必須在地自籌，有機會降低財務結構的脆弱性，尋求永續發展。

然而，如前文所說，非洲國家人民所得的統計數據顯示，多數人僅能解決食衣住行上的需求，無法為救助他人急難出資。究竟 NGO 如何在非洲自籌經費，本文將在運作機遇的正向條件中討論。

二、發展挑戰二：NGO 的管理需要轉型

2019 年 11 月烏干達政府宣布開始稽查境內 NGO 的營運狀態，因為四千萬左右人口的烏干達竟然註冊了一萬四千以上的 NGO，除了許多 NGO 的運作效能有待稽查，還有更多自稱為非營利組織的單位其實並未註冊。避免非營利組織因浮濫或欠缺受監督而喪失社會信賴度，烏干達政府的舉動並不可謂為多此一舉（The Guardian 1 June 2021）。

在非洲，與公部門和營利組織相比，一般民眾將 NGO 視為值得信賴，並且是正向的社會活動單位，然而，近年來幾起與腐敗、資金管理不善或挪用款項等有關的 NGO 醜聞，還有誤傳訊息乃至欺騙公眾等案件發生，使得 NGO 因道德上的爭議而受批評（Heilscher et al. 2017: 1562）。

針對 NGO 管理內部採用的框架，Heilscher 等學者提出，現行的委託人—代理人制度雖然有其功用，但因本質上的訊息不對稱（asymmetric information），並且僅限於分析 NGO 和捐助者之間的財務關係，因此

Heilscher 等學者提出非盈利組織管理的新問責制的概念來迎戰 NGO 的誠信問題這個挑戰。

1970 年代第一波非營利組織管理改革主要解決了非政府組織和捐助者／政府當局之間的單面向困境。改革雖然使 NGO 與捐助者和政府當局建立信任關係相對容易，但產生削弱 NGO 對其執行人員、同行和預期受益者的責任，間接造成了其他面向的負面影響，於是 80 年代末到 90 年代初有第二波 NGO 管理改革。Heilscher 等學者的框架強調，第二波改革的最大挑戰是非政府組織對預期受益者的問責制。

Heilscher 等學者這一套以理性選擇為出發點的綜合分析方法對了解 NGO 與其所有利害關係人的關係，有所突破。應用 Ordonomics 的研究成果，他們解開了兩個基本的相互作用問題：（1）NGO 與單一問責制持有人之間的利害關係人困境是一種單方面的社會困境，以及（2）競爭困境在有利益衝突的 NGO 中是一個多方面的社會困境。他們表示，要提高與目標受益人，同行組織和公眾之間的 NGO 問責制，還需要確定潛在的管理問題，將其視作競爭困境，以集體自我調節作為解決方案（Heilscher et al. 2017, 1564）。

三、發展挑戰三：人力資源素質不一

在二次世界大戰後，世界各國幾乎都肯定了義務教育的普及與人力素質提升之間的關係，然而非洲各國分別因為國家財政不允許或傳統文化有不同價值，讓義務教育的普及、落實程度不及其他地區，尤以撒哈拉沙漠到赤道地區的非洲國家最讓人擔憂。不談外語、計算機（電腦）和文書處理能力，識字應該是當代勞動人口要進入勞動市場最低的條件。然而，如圖二所示，根據 UNESCO 統計中心資料指出，撒哈拉沙漠到赤道地區的

非洲國家識字率約從 30% 到 70% 不等，換句話說，在非洲各國平均約有
30% 以上無法達到這個門檻的勞動人力。

圖二

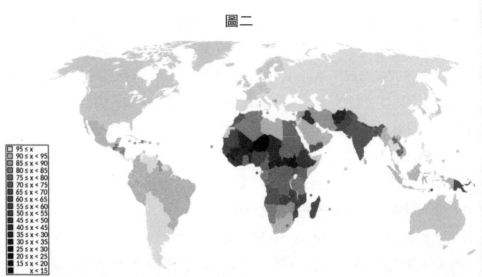

資料來源：Wikipedia, 根 據 UNESCO Institute of Statistics (06 May 2021) Wikipedia
world map of countries shaded according to the literacy rate for all people
aged 15 and over.

　　雖然沒有得到國際媒體或捐助者的太多關注。東非有大量難民和國內
流離失所者（IDP），而許多在東非的 NGO 都有協助難民的專案，各有不
同的特色與著力點。2014 年東非難民和國內流離失所者人數超過了移民人
數。烏干達和蘇丹各收容了約百萬難民，索馬利亞、南蘇丹則有許多國內
流離失所者。南蘇丹由於 2013 年 12 月開始的內戰產生了 150 萬國內流離
失所者。該地區因其同時產生、收容和援助難民、國內流離失所者，許多
人成為人口販運的受害者。難民和國內流離失所現象不僅是由戰爭所引起
的。許多其他因素，包括環境／氣候變化及失能的國家和政府機構等，都
直接或間接地促使這樣的人口移動（Schmidt et al. 2019, 3-15）。

　　識字率和難民／國內流離失所者與 NGO 的運作機遇有何關聯？在非洲，尤其東非的 NGO 與世界上其他地區的 NGO 相比，常常面臨人力資源無以為繼及難以在地化的挑戰。筆者參與的世臺聯合基金會東非中心在烏干達和南蘇丹均有婦女工作坊。南蘇丹近三十年來都為內戰所擾，雖然2019 年底正式邁入和平狀態，然而整整三個世代幾乎沒有可供評鑑的教育程度。故筆者管理烏干達難民婦女工作坊及南蘇丹工作坊時，最大的挑戰就是與接受訓練者溝通，平時習以為常的文字說明和紙本資訊效用近乎於零，所有的培訓活動必須依賴樣品搭配即時的互動和指導；另外，培養受訓者記錄的習慣也困難重重，遑論製作任何供組織運作和記錄用的表單。

　　以筆者合作的深入南蘇丹戰區的夥伴機構而言更是如此，許多地區缺乏南蘇丹籍中學以上程度的教師，要教育出能與國際接軌的中學程度學生，必須聘僱鄰國如肯亞的教師。專業技術人員在鄉村中更是缺乏，以至於進行教育專案或職業培訓的 NGO 必須承受更大的資金及管理人力負擔，導致許多國際 NGO 對如此缺乏資源的地區裹足不前，至今南蘇丹等國仍無法得到反映真正需求的國際協助。

　　其實長遠來看，一個國家能夠成為包括難民在內的移民收容國，可以轉化為一個國家的優勢。

　　世臺聯合基金會所在的東非烏干達正是主要難民收容國。難民和尋求庇護者也是移民，他們會在母國和收容國間創造許多經濟和文化上的連結，尤其是兩國間的商機。例如，肯亞和烏干達商人是第一批在南蘇丹開展貿易和商業的族群。並且由於在先的蘇丹內戰及在後的南蘇丹內戰，肯亞首都 Nairobi、衣索比亞首都 Addis Ababa 和烏干達首都 Kampala 等區域樞紐，都在國際政治與聯合國爭端解決機制上占據重要地位，其中，烏干達知道新冠肺炎疫情之前對南蘇丹的邊境都未曾關閉過，是聯合國與南蘇丹交通的關鍵航空要道，因而還帶動了觀光旅遊業的發展。

收容國在難民收容地區的居民和組織，往往是非洲多國衝突後重建的快速經濟受益者。鑑於衝突極大地破壞了原籍國和鄰國公民和機構的資產基礎，因此需要重建許多公共事業、提供基本生活服務和經濟支撐能力。內戰結束後，肯亞的企業和組織進入烏干達發展，許多今天已發展茁壯，同樣的現象也可以在南蘇丹和索馬利亞看見。有研究指出，70% 的難民和尋求庇護者在衝突後仍會留在庇護地區（Ekayu 2015）。肯亞、衣索比亞和烏干達共收容了東非 66% 的難民，其中大部分來自鄰國索馬利亞和南蘇丹，表面上看起來這些國家承擔著收容難民和尋求庇護者的長期責任，但這也意味著，如果東非整體能維持和平與穩定，他們就有機會獲得人力資源上的最大利益（Schmidt et al. 2019, 16-30）。

四：發展挑戰四：基礎建設尚未完備

以烏干達而言，獨立後的政治管理不善，長期影響了社會及經濟發展。1971 年至 1986 年期間，極端政治不穩定導致經濟危機嚴重損害經濟。在此期間，大多數生產部門遭到嚴重破壞（Mawejje 2020）。1980 年至 1987 年期間，實際增長率上為負向。在獨立後時期，由於政治動盪導致海外投資者的駐足不前，在缺乏資助下，基礎設施存量幾乎消失殆盡。從 1986 年 Museveni 總統的新政府開始恢復和平與穩定，加上主要側重於促進宏觀經濟穩定、自由化和私有化的政策改革，才形成經濟復甦的基礎（MacLean & Brass 2015）。

在 SSA（Sub Saharan Africa）地區，農業技術開發是提高農業生產力、實現糧食自給自足、減少小農貧困的重要戰略（Ekeruche 2020）。撒哈拉沙漠以南的小農與世界各地的小農相較之下，在許多方面都處於劣勢。一般而言，這些農民都在平均降雨量低而土壤貧瘠的地區生活和耕種。此外，灌溉和道路等基礎設施以及投入和產品市場、信貸和推廣服務等制度，往往不發達或不存在。然而農民確是該地區最主要的勞動生產力，因此撒哈拉沙漠以南各國幾乎都需要將發展農業技術列為發展經濟的優先項目。各國需要有更多國際 NGO 進一步的研究和農村發展工作，並重視能夠拓展這些地區的基礎設施和產業組織發展的計畫和策略。

　　非洲平均基礎建設的缺乏究竟到達何種程度？我們以非洲全境的瀝青消耗量與全球相比的數值可以一窺端倪。

　　占全球陸地面積 30% 的非洲大陸全年瀝青消耗量只占全球 3%，可見非洲地區的公路鋪設比率及路面維護頻率，遠低於其他大陸。

圖三：各大陸陸地面積比

Continent	Area in Square Miles (Square Km)	Percent of Total Land Area on Earth
The World	57,308,738 Sq. Miles (148,429,000 Sq. Km)	100%
Asia (including the Middle East)	17,212,000 Sq. Miles (44,579,000 Sq. Km)	30.0%
Africa	11,608,000 Sq. Miles (30,065,000 Sq. Km)	20.3%
North America	9,365,000 Sq. Miles (24,256,000 Sq. Km)	16.3%
South America	6,880,000 Sq. Miles (17,819,000 Sq. Km)	12.0%
Antarctica	5,100,000 Sq. Miles (13,209,000 Sq. Km)	8.9%
Europe	3,837,000 Sq. Miles (9,938,000 Sq. Km)	6.7%
Australia (plus Oceania)	2,968,000 Sq. Miles (7,687,000 Sq. Km)	5.2%

圖四：瀝青年度消耗量全球百分比

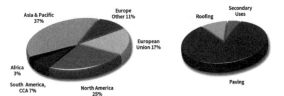

資料來源：Pyshyev, S., ed al. 2016: 631 fig.1

　　從瀝青消耗量觀察非洲基礎建設的問題，可以得到一個相當清楚的結論，就是運輸類的基礎建設不夠普及，連最基本的道路運輸量能都不普及的撒哈拉沙漠以南諸國，在高技術性的運輸如鐵路、航空的發展當然也不及其他地區。非洲地區所有基礎建設，特別是鐵路交通的發展上，幾乎都發生在殖民時期，即使當時有一定的規劃和投資，由於時間太短，對於幅員廣闊的非洲，鐵路的覆蓋率還是相當薄弱。非洲各國獨立後，仰賴高度管理和維修的鐵路運輸就完全停止了。例如奈及利亞和烏干達兩個曾為英屬殖民地的國家，在獨立後，運輸類型的基礎建設一度進展相當緩慢，航空運輸更是處於非常初步的階段，非常不普及。

　　基礎道路建設的缺乏影響到的，是所有其他建設的速度與成本。陸運沒有普及，所有其他建設所需的建材與耗材都會有運輸上的不便利與困難。建材無法運輸，建設偏鄉學校就非常困難，所有成本都很高。同時，沒有最起碼的柏油路來支持最基層的點對點運輸，農產品外銷就不方便，而農產外銷是多數非洲國家最重要的經濟生產模式，趨近於零的道路運輸所形成的農業生產浪費和糧食資源風險無法估量。

　　如果把非實體建設的信貸也列入公共建設來談論，SSA 的大多數小農都受到信貸限制。有人認為，無法獲得信貸會對農民的生產力產生不利影響。 Chisasa & Makina （2013）研究了南非小農的信貸供應，並得出結論認為，小農確實受到信貸限制，主要是因為他們無法提供抵押品。 Wynne & Lyne（2003）的研究證實，缺乏信貸阻礙了南非小農的發展，但沒有測試信貸對農場績效的貢獻。一些研究，如 Chisasa & Makina 已經證實，在宏觀層面，信貸對整體農業產能有積極而重要的貢獻；同樣，缺乏它也將影響農業家庭，尤其是農村小農的產量（Peprah et al., 69-89）。

五、討論：臺灣 NGO 的角色與優勢

如果說基礎建設不完備屬於非洲社會硬體缺乏的現象，非洲普遍的社會福利不健全就是軟體缺乏的問題。臺灣 NGO 在非洲的重要角色，就是提供政府部門無法提供的社會福利資源以及人道協助。

慈濟基金會是提供人道救災的典型案例（葉子豪 2021）。南蘇丹每年雨季 4 月到 7 月都有水患，但基礎建設差，沒有排水系統，一到雨季就會淹水，由於沒有人駐點，所以完全沒有提供援助的可能性（NUPI 2021）。莫三比克（或者說全非洲）的全面性硬體缺乏造成日常生活機能的問題，所以面對氣候變化所造成的風災、水災、旱災，都會使得復原時期加長，恢復必須依賴自然天候的回覆，政府無法做基礎建設，也不用談災後復原。國際救災單位不是常駐的，就會出現比較大的能力和適應力落差。慈濟常駐在莫三比克，在這一點上就有優勢。

阿彌陀佛關懷協會在非洲南部的許多國家推動社福相關的服務，也是值得關注的案例（張毓桂 2021；ACC 編輯部 2021）。近年來非洲南部發展較快，城鄉差距拉大，有些鄉村人口外移嚴重，父母親長期在外地工作，鄉村必須隔代教養，是個普遍現象。婚姻觀念問題上，整個東非到南非的未婚生子現象普遍，家庭倫理觀念不強，都市化、現代化之後，脫離部族社會後年輕人的移動和工作選擇變多，但家庭倫理觀念沒有因應社會變動，節育觀念不足，以至於棄養頻繁，許多孩子是單親或孤兒的情況。Education Interantional 等 NGO 就指出，一些政府仍舊不提供大多數公民基本教育，有些是刻意不提供，另一些則限制教育內容；以烏干達為例，NGO 只能盡可能與在地教師組織和文化教育類組織合作，提供咨詢和研究服務，進展有限（Brehm & Silova 2019: 291）。阿彌陀佛關懷協會長期在非洲南部國家建立孤兒照護單位，提供需要的孩子收容和教育的機會。

臺灣資訊類產品與服務的優勢是絕對性的。首先，臺灣領先全球的電腦製造產業，有完整的電腦供應鏈，產品設計製造行銷，技術部門的軟體工程師、硬體工程師，甚至一般大學畢業生的電腦應用能力，都遠遠超過一般非洲民眾。非洲學童在這部分的教育缺乏，臺灣恰好可以提供必要的人才庫和設備。臺飛國際志工交流協會具備上述優勢，形成一個獨一無二的 NGO，能提供關鍵教育服務和訓練的模式。自 2009 年開始，陸續於坦尚尼亞、肯亞、獅子山共和國、迦納成立電腦教室，由國立清華大學學生組成資訊教育志工團，是每年專案經費規劃至不同的電腦教室，開設資訊課程。一方面為缺乏電腦的學術單位提供設備，二方面也為缺乏資訊教師的教育環境提供短期師資。臺飛於 2021 年開始，與世臺聯合基金會合作，把資訊課程往前推進一步，首度創設程式設計培訓課程（https://taiwanafricaservice.org/services/tz-ict/）。

由於臺灣一般年輕人對於數位產品應用和基礎維修服務的理解，相對於非洲一般民眾而言，具有比較高的技術能力，在疫後時代，如果臺灣系統推動到非洲當地的數位服務 NGO 教育訓練，可以造成的影響和效益將會是顯著的。

肆、運作機遇的正向條件

一、正向條件一：廣大農村人口及天然資源

非洲擁有世界上剩餘礦產資源的 30%，這些具有龐大經濟價值的自然資源，包括鑽石、糖、鹽、金、鐵、鈷、鈾、銅、鋁土礦、銀和石油。非洲還是許多經濟植作物的主要產區，例如可可豆、咖啡豆、乳油木果，還有木材和熱帶水果等（Cook et al 2018；Lei et al. 2018）。國際 NGO 若能

了解所在地的資源，在採購、發展方向定位及尋求企業合作夥伴都能夠更加精準定位。

最近的石油儲量重新評估，增加了原油對非洲經濟的重要性。

非洲有五個國家加起來占非洲大陸石油產量的 85%，從最高產量依次是奈及利亞、利比亞、阿爾及利亞、埃及和安哥拉。其他產油國包括加彭、剛果、喀麥隆、突尼斯、赤道幾內亞、剛果民主共和國等國。許多其他國家正在進行勘探，旨在增加產量或成為首次生產者。蘇丹和奈及利亞是兩個主要的石油生產國。美國和歐洲囊括了剛果的大部分石油產量。

非洲的礦石資源豐富，如今隨著其他大陸開始面臨資源枯竭的問題，礦石資源更顯重要；馬達加斯加有社會企業教導民眾研磨礦石以增加收入。卡坦加的銅礦帶、塞拉利昂、安哥拉和波札那的鑽石礦以其豐富儲量及其衍生產品而聞名，儘管也因其政府管理不當和境內武力衝突的關聯而惡名昭著，所謂的血鑽石就是這樣的一個例子。近年來，西非的勘探活動有所增長，自 2009 年至 2019 年，西非在金礦發現方面更有長足的進展。

再以烏干達為例，想要改善國民的社會和經濟條件，應該認識到這樣一個事實，即烏干達的大多數家庭仍以第一產業為基礎，尤其是農業部門。事實上，烏干達的農業仍然是主導部門，占烏干達約 72% 的勞動人口（烏干達統計局 UBOS 2016）。烏干達最近發現的石油儲量有望為其加速經濟成長另闢途徑。預計石油收入將產生相當於生產高峰期 GDP 約 10% 的政府收入，石油和天然氣部門的累計收入預計約為 2013 年 GDP 的 250% 因此，石油部門為加速增長、擴大社會發展和減少貧困提供了巨大的機會（Mawejje 2020, 51-53）。

大多數非洲經濟體中，農業部門對 GDP 的貢獻比重，一般而言都相當可觀，而這也突顯出各國農業部門要走向多樣化，已經面臨了一定的擴展限制。若從平均數來看，非洲各國農業可貢獻 GDP 總量的 15%。然而，各國比重其實相當不同：從波札那和南非的 3% 以下、到查德的 50% 以上，反映出非洲各國經濟體其實具有多樣化的經濟結構特性。這裡也能看出另外一個層次的問題。農業在各國 GDP 的占比雖然有多有少，但至 2012 年為止，從事農業的人口卻是普遍超過各國總勞動力的一半以上。而農村人口中，以小規模生產者居多。小農農場約占 80% SSA 的所有農場，直接僱傭約 1.75 億人。這些人的生產效益低落，這也是為什麼農業部門人數多、但就 GDP 占比而言，不一定顯著的原因。如何提升農業人口的生產條件和生產價值，或輔助農業人口轉型，參與更具價值的生產活動，是必須要仔細思考的問題。

二、正向條件二：可開發的女性人力資源

整體而言，撒哈拉沙漠以南的非洲平均就業率相較世界其他地方的就業率是最低的。圖五很清楚地呈現出這個現象。有趣的是，南非在許多人的心目中，是相當發達的國家，拜訪過南非的國際旅客對該國在富有和發達程度的印象上，或許會認為與一般國際都會相去不遠，但是從圖五的就業率來看，南非的就業率僅在 30%-39% 的水準，遠低於歐洲與美洲國家。

撒哈拉沙漠以南的非洲低於世界平均的就業率背後，女性勞動參與率的低落可想而知。以東非烏干達為例，烏干達的女性勞動力參與率在 1990 - 2019 年的平均值為 64.92%，也就是烏干達還有將近 35% 的女性勞動力尚未進入就業市場，並且，根據烏干達統計局的資料，一半以上勞動年齡女性花費在家務的時間達每週 30 小時以上，這說明，烏干達勞動年齡的女性即便是在勞動市場上可能多半也是從事兼職的工作。

以國際企業的角度來看，這或許不是投資設廠的正向指標，但以國際 NGO 進駐與否的角度而言，這確是絕對的正向指標。因為以 NGO 從事的

圖五：2011 年全球就業率

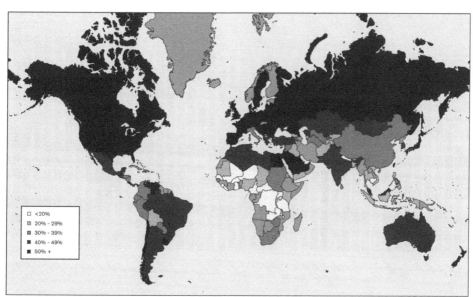

資料來源：GALLUP (10th May 2021) https://news.gallup.com/poll/145595/worldwide-employed-full-time-employer.aspx

活動性質而論，尚未投入勞動市場的女性勞動人力更具有彈性，對 NGO 的工作機會接受度也比較高。近年來，女性主導的社會企業在非洲是相當熱門的話題和社會現象。

　　愛女孩國際關懷協會就是近年臺灣於非洲運作最具代表性的婦女工作 NGO，以開設課程教授婦女縫製布衛生棉為主要活動，不僅開設婦女工作坊及職業裁縫課程提供婦女職訓機會，更進而了解並深入回應社區其他需求，協助建立蒐集雨水系統和鑿井工程，更能因深入社區婦女社群，在疫情之中即時協助有需求的家庭，是掌握女性資源的成功案例（愛女孩：2020）。

　　一般認為企業和企業家完全是由機遇所驅動，但 Jennings & Brush 分析，許多女性企業家所發展的企業是必要性及機遇相互觸發的結果。此分

圖六：2021 年 OECD 各國就業率；最左邊的國家為南非

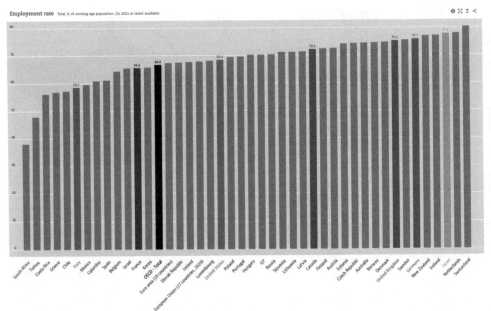

資料來源：OECD (2021), Employment rate (indicator). doi: 10.1787/1de68a9b-en
(Accessed on 29 June 2021)

析對非洲具有重要意義，因為非洲有 69% 的企業都屬於非正式經濟（Triki
& Faye 2013），並且各種企業因為選擇有限，所以都經常性地面對生存問
題。這也一定程度上形成這種非正式經濟中的企業活動所特有的驅動力。
然而，不少學派對非正式經濟多有看輕，認為風險如此高的生產單位和組
織很難真正生存下來。對這種非正式經濟體的研究中，比較重視其正面意
義的 Jennings & Brush 發現，基於需求發展出來的產業，其實在業界是受
到許多企業管理等相關討論的重視（Jennings & Bush 2013, 663-665）。企
業甚至主動資助、鼓勵此類產業的相關研究，進而使社會大眾對此類型企
業的動態及其與社會經濟發展的相關性有更深入的了解（Ziemke-Dickens
et al. 2012）。在非洲，婦女是非正式經濟的主要參與者，因此，研究

基於需求的創業類型的對於描繪非洲女性創業精神的全貌是非常關鍵的（Boateng 2018, 65）。

　　女性在非洲社會企業發展中具有決定性的地位，甚至是扶貧類型計畫的核心，因為她們能夠全方位地觀察到貧窮問題如何影響一個社群，從事經濟活動的婦女又如何使相關社群受益。在非洲，社會企業研究所關注的主題包括：（1）社會企業如何填補公家機構的不足，（2）脫貧，（3）滿足疾病和衝突所造成的社會需求，以及（4）社會企業如何有效連結營利組織與非營利組織（Muriisa 2010; Goel & Tripathi 2010）。

　　社會企業家與女性企業家精神重疊，因為女性往往對改善家人及社群中的他人生活有所關注，使她們具備混合型社會企業家的特質。機構和女性企業家的合作將補強該機構與其他社會部門的戰略性合作，進而對相關社群產生有效影響，促進更大的社會經濟發展。將社會企業家精神和性別議題並置來探討女性企業家推動的社會經濟發展潛力，能夠促進我們了解是非洲女性企業家的本質，以及社會企業家的核心特質。從純粹的社會形式到混合形式，擴充了社會企業家的範圍，我們正在目睹社會事業與利潤動機結合來創造永續（Boateng 2018: 103）。

三、正向條件三：發展符合 SDGs 之社會企業的最佳場域

　　自社會企業的概念問世以來，產學兩界均多有討論（Anifowose & Ohu 2020; Foundjem-Tita et al. 2018）。學界所討論的社會企業家精神其實涵蓋了廣泛的活動，無論傳統定義中的經濟性或非經濟性活動，是致力於為非營利部門增加營利動機的具有社會目的企業（Arielle & Thomas 2021; Zhao & Mao 2021; Maingi et al 2020）。新型慈善家支持類似風險投資的「投資

組合」，以及非營利組織正從商業界中汲取經驗，進行自我改造。在過去的十年中，「社會企業家」作為一種新現象迅速傳遍全球，正在重塑我們對創造社會價值的思考模式。雖然在社會企業的實踐中有一些可謂新方式，但是該方式或許已經存在於商界一段時間了，目前正藉由社會實踐重新創造不同以往的價值。另一方面，研究社會企業的領域是一個相對較新的主題，還有許多現場和案例值得學者進行相關探討及分析比較（Mair et al. 2006）。

Mclean & Brass 檢視了許多組織如何面對不同挑戰和經歷不同的權衡取捨，這些組織都試圖為肯亞和烏干達的農村貧困人口，增加公平和永續獲得可再生能源系統的方式。初步的分析結果是，擁有附屬營利性分支機構的 NGO 最有可能取得平衡，因為他們最有能力掌握 NGO 和一般企業的利益，並排除其不利影響（Larsen 2016）。Mclean & Brass 結論中最重要的一點是，國家需要持續制定和修訂為混合型組織設計的政策和法規，以確保該組織對目標族群負責。在這個新自由主義時代，政府不再提供像以前那樣多的服務，而是依靠各種不同的民間組織完善社會建置及服務；這樣的環境的確有其優點，但是當制定有關社會服務提供的規則時，公平的分配是需要確保的價值（Cammett & MacLean 2014）。

特別是在能源領域，政府必須制定和執行產品標準，尤其是針對混合型組織出售和分配的太陽能設備類型的產品標準，並與此類型組織就更廣泛的商品獲取問題密切合作。當政府對計畫的商業化部分進行補貼或投資時，應注意國有資源的公平分配，尤其要注意其所投資的城鄉和地域必須具備多樣性（Links 2021）。其實，這些混合型組織能刺激政府作為並遊說政府的政策走向趨於完善的正向作用，政府和混合型組織合作對於確保相互問責有關鍵性地位，才能確保終端消費者也就是公民的利益（Mclean & Brass 2015, 82）。

　　Ikwera 提出，多元並創新的行銷方式與公平貿易的精神相結合，可以最大化地促進社會企業的發展，並可以改善偏鄉地區的經濟狀況。以其研究地區而言，最主要的挑戰之一是生產優質咖啡需要一定的資金，而該地區有能力的出資人並不多，在公平貿易認證系統監督下，購買公平貿易成員的咖啡等於投資地方基礎設施；在社會企業的發展中，最重要的是提供符合道德規範且負擔得起的融資選擇（Ikwera & Twongyirwe 2019, 13）。Holmén 分析比較迦納、坦尚尼亞、肯亞等國家內的 NGO 所執行的專案類型，其中最清楚的一份資料說道，在 2004 年肯亞曾經於 111 個村落社群執行 NGO 計畫，當中的 61% 都是依據社群需求設計的專案，但只有 29% 是有經濟效益的。當中以商業活動為導向的計畫更少（Holmén 2019: 522）。Holmén 也提到，在 2000 年左右，有許多在坦尚尼亞、肯亞的 NGO 在執行社福類型的專案，照顧病患、失能者、長者等。專案本身頗具成效，然而，這些團體似乎都忽略了當地最根本的困境，也就是缺乏經濟發展（Holmén 2019: 521-522）。世臺聯合基金會在烏干達和南蘇丹的婦女工作坊就是為了提供婦女工作機會而設置的。儘管目前還在研發階段，規模不大，但是初步的成果是能夠將一批十二碼的布，轉換為成本三倍的實際收益，扣除材料之後，可以支付婦女們的兼職薪酬。烏干達的婦女工作坊經營已有三年。在疫情期間，也未曾間斷。由於採用腳踏縫紉機及桌上型縫紉機兼有的設備配置，即便斷電或缺電，或疫情期間婦女需在家操作的狀況下，仍可持續。工作坊首重職業技能培訓，並鼓勵婦女在小有儲蓄後，開始創業，成為獨立接案的裁縫。南蘇丹工作坊在疫情當中開始，研究計畫就是為缺乏口罩的社區居民提供布口罩。工作坊僅採用腳踏縫紉機，因為南蘇丹的工業和基礎設施更不如烏干達。這與 Holmén 提出的「脈絡」分析有所呼應。Holmén 指出，NGO 機構通常應該是脈絡的寫照，而不應該是脈絡的成形者（Holmén 2019: 521）。永續發展的社會企業，意味著所採取的方式及架構需要因地制宜，符合當地所需及所能。

伍、結論

　　NGO 作為彌補政府無法涵蓋的社會功能的民間組織，在二次世界大戰後蓬勃發展，在未成年人教育、醫療衛生、環境保護、人道援助及社會福利各領域都有卓越的貢獻，甚至在發展類型及細緻度上超越了社會期待，照顧了許多需要關注的群體。非洲尤其是受惠於非營利組織功能的地區，然而由於非洲大陸的特殊條件，包括（1）難以在地自籌經費，（2）組織管理需要轉型，（3）人力資源素質不一，以及（4）基礎建設尚未完備，近十年來在非運作的 NGO 的發展呈現疲態。不過，就在這 10 年，社會企業的概念在全球產學界都有熱烈的討論，社會企業逐漸成為管理和經濟學領域最重要的主題之一，並幫助許多國家在不同的領域有所創新，企業家精神的概念長期以來一直集中在商業活動的背景下，因社會企業概念的帶動，在解決社會問題的領域中逐漸顯現功效（Melyoki 2020; Huybrechts 2013）。

　　社會企業新創家正在為世界各地的永續經濟發展做出貢獻。社會企業家在創辦企業後的運作方式、過程、結構和產生的結果，有時與一般商業單位採用的傳統形式形成鮮明對比。如今，許多國家都提倡發展社會企業。在非洲以南非、肯亞、波札那等國為首，都制定了扶持社會企業的政策（Muzari et al. 2012; Mutuku et al. 2020; Peprah et al., 2020）。尤其肯亞在大量分配發展基金、青年發展基金、選區發展基金和婦女發展基金等方面的後續發展不容低估（Hershey 2019; Lewa 2020）。

　　NGO 與社會企業作為彌補傳統機構普尚未滿足的社會需求的單位，在很多時候功能是重疊的，都是為社會上有需要的人提供服務。在非洲營運及發展的 NGO 不妨考慮在把握非洲（1）廣大農村人口及天然資源，（2）可開發的女性人力資源，（3）發展符合 SDGs 之社會企業的最佳場域等正向條件，同步發展或轉型為社會企業，參與持續創新、適應的過程，透過持續在地深耕與服務的社群同步學習，並持續前進。

參考文獻

Ademuyiwa, Idris, & Adedeji Adeniran. 2020. *Assessing Digitalization and Data Governance Issues in Africa*. Waterloo: Centre for International Governance Innovation.

Anifowose, Olabusayo & Eugene Agboifo Ohu. 2020. "Social Intrapreneurs: Rebels for Good." In Joan Marguew and Satinder Dhiman, eds., *Social Entrepreneurship and Corporate Social Responsibility*. Cham: Springer International Publishing.

Arielle, John, Diana W. Thomas. 2021. *Entrepreneurship and the Market Process*. London: Palgrave Macmillan.

Brehm, Will & Iveta Silova. 2019. "Five Generations of NGOs in Education: From Humanitarianism to Global Capitalism." In Thomas Davis, ed. *Routledge Handbook of NGOs and International Relations*. London & New York: Routledge, 283-296.

Carey, Henry F. 2012. *Privatizing the Democratic Peace: Policy Dilemmas of NGO Peacebuilding*. London: Palgrave McMillan.

Cook, Seth, Xiaoxue Weng, Ming Li, Jie Chen, Bin Xu, Yong Chen, Jingwei Zhang, Peng Ren, Lei Wang, Xiaoting Hou Jones, and James Mayers. 2018. *Towards legal and sustainable investments by China in Africa's forests: Steps taken by Chinese organisations and the path ahead*, pp. 49-52. London: International Institute for

Environment and Development.

Despard, M., Rhoda Nafziger-Mayegun, Bernice Adjabeng, and David Ansong. 2017. "Does Revenue Diversification Predict Financial Vulnerability Among Non-governmental Organizations in sub-Saharan Africa?" *Voluntas: International Journal of Voluntary and Nonprofit Organizations*, 28 (5): 2124-2144.

Dupuy, Kendra, James Ron, and Assem Prakash. 2014. "Who Survived? Ethiopia's Regulatory Crackdown on Foreign-Funded NGOs." *Review of International Political Economy* 22 (2): 419-456.

Ekayu, Jane. 2015. "Uganda: An NGO Perspective to Countering Violent Extremism." *Counter Terrorist Trends and Analyses*, 7 (9): 18-24.

Ekeruche, Mma Amara. 2020. *Drivers of Disparity: How Policy Responses to COVID-19 Can Increase Inequalities*. Ottawa: South African Institute of International Affairs.

Foundjem-Tita, Divine, Lalisa Duguma, Stijn Speelman, and Serge Piabuo. 2018. "Viability of community forests as social enterprises: A Cameroon case study." *Ecology and Society*, 23 (4): 50.

Goel, Vaibhav, and Manoj Tripathi. 2010. "The Role of NGOs in the Enforcement of Human Rights: An Overview." *The Indian Journal of Political Science*, 71 (3): 769-793.

Hielscher, Stefan, Jan Winkin, Angela Crack, and Ingo Pies. 2017. "Saving the Moral Capital of NGOs: Identifying One-Sided and Many-Sided Social Dilemmas in NGO Accountability." *Voluntas: International Journal of Voluntary and Nonprofit Organizations*, 28 (4): 1562-1594.

Hershey, Megan. 2019. Conclusion: Adapting, Participating, and the Future of NGOs in Kenya. In Megan Hershey, Thomas Spear, Neil Kodesh, Tejumola Olaniyan,

Michael G. Schatzberg, James H. Sweet, eds., *Whose Agency: The Politics and Practice of Kenya's HIV-Prevention NGOs*, pp. 151-159. Madison, Wisconsin: University of Wisconsin Press. doi:10.2307/j.ctvj7wn8j.13

Huybrechts, Benjamin. 2013. "Social Enterprise, Social Innovation and Alternative Economies: Insights from Fair Trade and Renewable Energy." In Hans-Martin Zademach and Sebastian Hillebrand, eds., *Alternative Economies and Spaces: New Perspectives for a Sustainable Economy*, pp. 113-130. Bielefeld: Transcript Verlag.

Ikwera, Robert, and Ronald Twongyirwe. 2019. "Facilitating social enterprise development through collective marketing: Insights from Bukonzo Joint Co-operative Union, Western Uganda." *Journal of Fair Trade*, 1 (1): 13-26. doi:10.13169/jfairtrade.1.1.0013

Jennings, Jennifer, and Candida Brush. 2013. "Research on Women Entrepreneurs: Challenges to (and from) the Broader Entrepreneurship." *The Academy of Management Annals* 7 (1): 663-715.

Larsen, Peter. 2016. "The Good, the Ugly and the Dirty Harry's of Conservation: Rethinking the Anthropology of Conservation NGOs." *Conservation and Society*, 14 (1): 21-33.

Lewa, Peter M. 2020. "CSR Case Studies of Selected Blue Chip Companies in Kenya." In Joan Marguew and Satinder Dhiman eds., *Social Entrepreneurship and Corporate Social Responsibility*, pp. 373-388. Cham: Springer International Publishing.

Links, Stacy. 2021. "Ascertaining Agency: Africa and the Belt and Road Initiative." In Florian Schneider, ed., *Global Perspectives on China's Belt and Road Initiative: Asserting Agency through Regional Connectivity*, pp. 113-140. Amsterdam: Amsterdam University Press. doi:10.2307/j.ctv1dc9k7j.8

Maingi, Catherine, Kennedy Musyoka, Faith Muna, and Paul Kioko. 2020. "Social Entrepreneurship in the Emerging Economies of Africa." In Joan Marguew and Satinder Dhiman eds., *Social Entrepreneurship and Corporate Social Responsibility*, pp.143-160. Cham: Springer International Publishing.

Mair, Johanna, Jeffrey Robinson, Kai Hockerts. 2006. *Social Entrepreneur*ship. London: Palgrave McMillan.

MacLean, Lauren, Jennifer Brass. 2015. "Foreign Aid, NGOs and the Private Sector: New Forms of Hybridity in Renewable Energy Provision in Kenya and Uganda." *Africa Today*, 62 (1): 57-82.

Mawejje, Joseph. 2020. "Oil Revenues and Social Development in Uganda." In Langer Arnim, Ukoha Ukiwo, eds, *Oil Wealth and Development in Uganda and Beyond: Prospects, Opportunities, and Challenges*, pp. 149-172. Leuven: Leuven University Press.

Melyoki, Lemayon L. 2020. "Corporate Social Responsibility Practices in the Extractive Sector in Tanzania." In Joan Marguew and Satinder Dhiman eds., *Social Entrepreneurship and Corporate Social Responsibility*, pp. 423-437. Cham: Springer International Publishing.

Muriisa, Roberts. 2010. "The Role of NGOs in Addressing Gender Inequality and HIV/ AIDS in Uganda." *Canadian Journal of African Studies / Revue Canadienne Des Études Africaines*, 44 (3): 605-623.

Muzari, Washington, Wirimayi Gatsi, and Shepherd Muvhunzi. 2012. "The impacts of technology adoption on smallholder agricultural productivity in Sub-Saharan Africa: a review." *Journal of Sustainable Development* 5 (8): 69-77

Mutuku, Sarah, Miriam Mutuku-Kioko, Rachel Murigi, and Faith Muna. 2020. "Social Entrepreneurship at the Micro Level: A Study of Botswana." In Joan Marguew and Satinder Dhiman eds., *Social Entrepreneurship and Corporate Social Responsibility*, p.143. Cham: Springer International Publishing.

Nitsan Chorev. 2020. *Give and Take: Developmental Foreign Aid and the Pharmaceutical Industry in East Africa*. Princeton: Princeton University Press.

NUPI. 2021. *Climate, Peace and Security Fact Sheet South Sudan.* Norwegian Institute of International Affairs.

Peprah, James Atta, Clifford Afoakwah, and Isaac Koomson. 2020. "Analysis of Crop Yield Volatility Among Smallholder Farmers in Ghana." In Calvin Atewamba, Dorothe Yong Ngondjeb. *Inclusive Green Growth: Challenges and Opportunities for Green Business in Rural Africa-Spring*. Gewerbestrasse: Springer.

Pyshyev, S., ed al. 2016. "Polymer Modified Bitumen: Review." *Chemistry & Chemical Technology* 10.4: 631-636.

Reimann, Kim. 2006. "A View from the Top: International Politics, Norms and the Worldwide Growth of NGOs." *International Studies Quarterly*, 50 (1): 45-67.

Schmidt, Johannes Dragsbaek, Leah Kimathi, & Michael Omondi Owiso eds. 2019. *Refugees and Forced Migration in the Horn and Eastern Africa: Trends, Challenges and Opportunities*. Gewerbestrasse: Springer.

Shivji, Issa G. 2007. *Silences in NGO discourse: the role and future of NGOs in Africa*. Oxford: Fahamu.

Triki, Thouraya, and Issa Faye. 2013. *Financial Inclusion in Africa*. Tunis: African Development Bank Publication. http://www.afdb.org/fileadmin/uploads/afdb/Documents/Project-and-Operations/Financial_Inclusion_in_Africa.pdf.

Zhao Meng, Jiye Mao eds. 2021. *Social Entrepreneurship: An Innovative Solution to Social Problems*. Singapore: China Renmin University Press & Springer.

Ziemke-Dickens, Caroline, Karen Buckley, Kondan Hassig, and Janette Yarwood.

2012. *Roundtable Proceedings — Strengthening the Civil Society Africa Needs: Challenges and Opportunities in West Africa* (pp. 6-1-6-4). Alexandria, Virginia: Institute for Defense Analyses.

網路資料

葉子豪，2021，〈莫三比克 一人一點力　濟貧糧倉豐收〉，《慈濟月刊》第658期，https://web.tzuchiculture.org.tw/?book=658&mp=10073#.Yao5ki8Rq8V，查閱時間：2021/12/03。

張毓桂，2021，〈百感交集的八月（賴索托 ACC 2021.8月記事）〉，《大象腳印》第53期，https://www.acc.org.tw/upload/books/ 大象腳印 No53pdf.pdf，查閱時間：2021/12/03。

〈官方與 NGO 並行：今日的臺灣援非〉，《多維 TW》，2019年040期，https://duoweicn.dwnews.com/TW-2019%E5%B9%B4040%E6%9C%9F/10007598.html。

財團法人國策研究院文教基金會，2019，〈2019年「臺灣非政府組織參與非洲國際合作發展論壇」〉，http://inpr.org.tw/m/405-1728-386,c108.php?Lang=zh-tw，查閱時間：2021/05/05。

阿彌陀佛關懷協會，https://www.acc.org.tw/contents/text?id=31，查閱時間：2021/05/10。

臺飛國際志工交流協會，https://taiwanafricaservice.org/services/#consultant_service，查閱時間：2021/05/10。

愛女孩，愛女孩2020年度報告，2020<https://www.lovebinti.org/reports>查閱時間：2021/12/05。

ACC編輯部，2021，〈疫情之下『非』得在家，畫出你心中的非洲〉，《大象腳印》第52期，https://www.acc.org.tw/upload/books/ 大象腳印 No52pdf.pdf，查閱

時間：2021/12/03。

Mapping Africa's natural resources. *AlJazeera*. 20 February 2018. https://www.aljazeera.com/news/2018/2/20/mapping-africas-natural-resources

Our World In Data, 2021, Unemployment rate 2017, https://ourworldindata.org/grapher/unemployment-rate，查閱時間：2021/05/07

Uganda bans thousands of charities in 'chilling' crackdown. The Guardian 1 June 2021 https://www.theguardian.com/global-development/2019/nov/21/uganda-bans-thousands-of-charities-in-chilling-crackdown

非洲市場研究系列 01

台商在非洲：政策、市場與挑戰

主　　　編	陳德昇
發 行 人	張書銘
出　　　版	**INK** 印刻文學生活雜誌出版股份有限公司
	新北市中和區建一路249號8樓
	電話：02-22281626
	傳真：02-22281598
	e-mail:ink.book@msa.hinet.net
網　　　址	舒讀網 http://www.inksudu.com.tw
法 律 顧 問	巨鼎博達法律事務所
	施竣中律師
總 代 理	成陽出版股份有限公司
	電話：03-3589000（代表號）
	傳真：03-3556521
郵 政 劃 撥	19785090 印刻文學生活雜誌出版股份有限公司
印　　　刷	海王印刷事業股份有限公司
港澳總經銷	泛華發行代理有限公司
地　　　址	香港新界將軍澳工業邨駿昌街7號2樓
電　　　話	852-2798-2220
傳　　　真	852-2796-5471
網　　　址	www.gccd.com.hk
出 版 日 期	2022年 5 月　初版
ISBN	978-986-387-568-0
定　　　價	**280**元

國家圖書館出版品預行編目(CIP)資料

台商在非洲：政策、市場與挑戰：Taiwan Business People
in Africa: Policies, Markets and Challenges／陳德昇主編.
-- 初版. -- 新北市中和區：INK印刻文學, 2022.05
面；17 x 23公分. --（非洲市場研究系列；01）
ISBN 978-986-387-568-0 (平裝)

1.CST: 國外投資 2.CST: 企業經營 3.CST: 非洲

563.528　　　　　　　　　　　　　111004518

舒讀網